宣传力

一个珠三角大镇的融媒传播实践

刘成　陈捷生　赵越／主编

佛山市南海区大沥镇宣传文体旅游和教育办公室
南 方 报 业 传 媒 集 团 佛 山 分 社
出品

南方日报出版社
NANFANG DAILY PRESS
中国·广州

图书在版编目（CIP）数据

宣传力：一个珠三角大镇的融媒传播实践 / 刘成，陈捷生，赵越主编. — 广州：南方日报出版社，2025. 1

ISBN 978-7-5491-2845-7

Ⅰ. ①宣… Ⅱ. ①刘… ②陈… ③赵… Ⅲ. ①乡镇—宣传工作—研究—南海区 Ⅳ. ①D64

中国国家版本馆CIP数据核字(2024)第028029号

宣传力

XUANCHUAN LI

主　　编：刘　成　陈捷生　赵　越
出 版 人：周山丹
责任编辑：蔡　芹
装帧设计：肖晓文
责任校对：阮昌汉
责任技编：王　兰
出版发行：南方日报出版社
地　　址：广州市广州大道中 289 号
经　　销：全国新华书店
印　　刷：广州市人杰彩印厂
成品尺寸：175mm×245mm
印　　张：19
字　　数：280 千字
版　　次：2025 年 1 月第 1 版
印　　次：2025 年 1 月第 1 次印刷
定　　价：88.00 元

投稿热线：（020）87360640　读者热线：（020）87363865

发现印装质量问题，影响阅读，请与承印厂联系调换。

本书编委会

策　划：冼兆鹏　高韵翔

主　编：刘　成　陈捷生　赵　越

主　创：黎昭映　李翠姗　熊　程　肖莎莎
阎思彤　许于平　张秋枫　梁鸿兴
沈宝珍　李颖敏

宣传力

一个珠三角大镇的融媒传播实践

序

基层宣传和政务号运营的创新密码

张志安

要做好基层融媒宣传，佛山南海大沥是一个绕不开的典型样本。

作为一个典型的珠三角经济重镇，佛山南海大沥常住人口近80万，内衣、铝型材、专业市场等产业在国内具有巨大的影响力，而且还有龙舟、醒狮等丰富的传统文化。这样的一个镇，既有极高的社会治理难度，也有很好的社会善治潜力。镇域融媒创新，正是激活其善治潜力、推动高质量发展的关键一步。

立足融媒时代、聚焦高质量发展中心工作，基层政府的宣传工作如何持续创新？宣传如何成为高质量发展中的关键力量？

这本以大沥为样本的著作，《宣传力：一个珠三角大镇的融媒传播实践》给出了兼顾“前台”——传播特色和“后台”——运营机制的答案。全书通过九章的篇幅，全方位、全过程、全维度地“拆解”了大沥镇融媒传播的宣传经验。大沥融媒的信心和底气，建立在踏踏实实的服务、认认真真的努力、明明白白的规律之上。

令我印象最为深刻的，是“南海大沥”公众号的运营。据我所知，“南海大沥”是全国镇街微信公众号中第一个关注粉丝数超百万的，其影响力已溢出了大沥镇的“本地”范围，逐步成为区域内有标杆性和引领力的基层政务号。2023年4月，首届湾区镇能量传播共创大会在大沥镇举办，我也受邀出席并作主题演讲，和来自全国各地的媒体记者和宣传工作者共同见证“南海大沥”百万粉丝见证仪式。

那么，“南海大沥”到底是怎样炼成的？结合我对其团队和特色的观察，有三个关键词或可作为解读这个基层政务号“奇迹”的密码。这三个关键词，实际上贯穿于整本书中，也是大沥持续推进镇域融媒创新的关键词。

其一，极致服务。大沥镇地处粤港澳大湾区的广佛极点，常住人口不到80万人，“南海大沥”公众号的关注人数远超常住人口数，这意味着大沥镇委、镇政府的声音已覆盖镇内居民。作为基层政务新媒体，只有做到极度深耕、极致服务，才能实现极限覆盖和极限下沉。“南海大沥”成立以来，始终以一站式民生服务与政务发布平台为己任，全年无休、无微不至，每天都为用户送上政务、民生、产业、文化等权威信息。

权威性是政务号的追求，服务性则是政务号的底色。除了信息发布服务，各类生活服务也是“南海大沥”的心头事。群众生活有什么需求，就上线什么功能，比如在全市率先上线整合了70多种常用民生功能的“一站式综合服务平台”，将办事预约、医院挂号、停车缴费、教育招生、医保选点、生活缴费等数十种服务尽数推出，实现“一个平台、一步搞定”。

其二，极致贴近。基层政务机构媒体运营的秘诀在于贴近、贴近再贴近，“南海大沥”能接连不断地推出内容爆款，实现粉丝快速增长，与充分深挖和释放贴近价值密不可分。以2023—2024年阅读量超10万的文章标题为例，《今日起预约！大沥黄岐烟花汇演，最全攻略》《预约进场！大沥烟花汇演，名额再追加！当日交通管制》《重磅！大沥2024年公办中小学招生方案来了！》《今晚8点，20000个红包开抢！广佛C位烟花秀最佳攻略》等，无一不是紧扣本地市民的生活需求，将信息的接近性在标题和内容中做到了极致。

城市更新、商贸转型、直播电商、夜经济、乡村振兴……“南海大沥”的题材选择、内容编辑，充分突出贴近、实用，不仅注重实用信息的权威发布，而且充分发挥“策划+融媒”的传播效应，联动南海大沥视频号、抖音号、快手号、B站等多个平台的矩阵账户，以用户喜闻乐见的形式进行硬核资讯的软传播。比如，上线全省首个专注本地特色美食、网红地标的“大沥点评”平台；推出广东省首部全域土整纪实微电影《出发》，以讲故事、拍电影方式，生动展现大沥干部攻坚克难、争取群众的敬业精神，上映20天就达到1000万的观看量。

其三，极致运营。“南海大沥”公众号非常善于整合辖区内的各种资源，抓住群众喜闻乐见的热点时机，在与用户高频互动、积极参与过程中强化公号的影响力和用户粘性。

比如，在七夕推出《遇见你，刚刚好》爱情微电影，以青年爱情故事融合宣传大沥电商、预制菜、内衣等产业；开设佛山镇街首个“城市慢直播”，实时展现夜色魅力与城市繁华；打造“方寸小店”“城美大沥·乐享生活”专栏，定期打卡推送吃喝玩乐的精品资讯；持续策划“宣传聚沥　服务增效”等活动、栏目，主动上门宣传服务企业，广泛宣传大沥商圈、厂企和大沥好产品，实现群众受益、企业受惠、平台增粉、城市更活力的“多向奔赴”。

回顾近几年“南海大沥”的发展历程，如果我们要给“南海大沥”打一个标签，我认为，它一定是佛山镇街里最努力，服务功能最强大、意识最到位的一个平台，在全国也是最优秀的之一。“南海大沥”的成功说明，政务新媒体只有真正坚持走群众路线、贯彻“以人民为中心”的核心宗旨，通过资讯和服务深度嵌入用户生活，才能真正贴近群众、广受喜爱。

从“南海大沥”进一步延伸可以看到，大沥的融媒工作创新、宣传力创新，不仅是党委政府自己的事，更体现在对各方优势媒介资源、IP的充分利用。今年端午节期间，我在中央电视台看到了几次对大沥近600历史的“全国最古老龙舟”盐步老龙的报道。盐步老龙本身让我感到好奇，而央视的频繁关注更加让我感叹，全国有传统文化特色、相关工作也做得好的地方一定有很多，为何大沥能够频频出圈？在这本书里，我看到了大沥是如何把各级主流媒体、正能量自媒体的力量融合到一起，共同传播区域声音、塑造区域形象的。

通观全书，南海大沥的基层融媒实践说明，围绕中心、服务大局，深耕本地、提升价值，尊重规律、追求创意，镇街宣传事业才能在“入眼入耳”基础上走向“入脑入心”。

跳出大沥，再看大沥；跳出宣传，再看宣传。中国的改革探索，很多都是从基层一线开始。在《宣传力：一个珠三角大镇的融媒传播实践》中，我看到的不只是一个个鲜活的案例，更是一个珠三角大镇通过融媒创新赋能基层善治的不懈探索。我相信，未来不只是在大沥，还会有越来越多的地方，走上这一条道路。

2024年9月20日于复旦大学

（作者为复旦大学新闻学院教授、中国新闻史学会应用新闻传播学专委会理事长）

编者按

宣传力是什么？

看到这本书的书名，很多人可能会疑惑。宣传工作就是民心工作，有效宣传是凝心聚力的精神力量，是经济社会高质量发展的强大动力。虽然宣传工作很重要，但是却还很少有人直接提出“宣传力”的理念。

本书称宣传为一种力，就是因为宣传对于一项工作的推动、一个区域的高质量发展，可以产生非常明显、强大的推动力量。我们常说“领导干部要做实干家，也要做宣传家”“做好宣传工作，可以起到事半功倍的效果”，也正是宣传力的体现。

本书所分析的主要样本，是佛山市南海区大沥镇的基层融媒体宣传工作。大沥是一个有着几百年悠久历史和现代化繁荣经济的珠三角大镇，在许多领域有着全国性的影响力。同时，大沥的产业发展、基层治理、城市更新等方方面面工作十分复杂，宣传工作所面临的环境、受到的制约等与全国很多基层乡镇、街道具有共性。如何通过宣传传播城市形象、推动发展、赋能治理显得重要。

在信息爆炸、“流量为王”的时代，如何保持定力、做出有品质的宣传，关键在于创新。宣传工作创新，重点抓好理念创新、手段创新、基层工作创新。近年来，大沥能在全国的镇域宣传工作中打出自己的特色，就是始终坚持理念创新、手段创新、基层工作创新。分享大沥基层融媒宣传工作的实践经验、彰显宣传的力量，正是我们编著本书的初衷。

理念创新，就是要重新认识宣传的力量，把宣传放在全局工作的重要位置上，深刻认识到宣传是党委政府与群众、社会各界沟通的桥梁，当成是企业服务、基层治理的重要媒介。手段创新，就是要充分用好传统媒体、网络媒体、政务自媒体、正能量自媒体等多方资源，当下最贴近、最流行的形式做宣传。基层工作创新，就是要在宣传系统的组织架构、队伍建设，以及社会共建机制上进行创新，努力做到在宣传战线上“全民皆兵”。

这些点滴创新，都体现在具体的宣传工作实践中。

在推动中心工作方面，大沥坚持“没有围绕中心的宣传，都是自嗨”，确保党委政府的战略部署、工作路线贯彻落实，相关工作开展更有力量。坚持“策划是宣传的灵魂”的理念，注重策划先行，通过“无中生有”“借机生蛋”“弯道超车”等方法策划了大量活动品牌、新媒体作品，让社会各界对中心工作可知可感。

在传播方面，大沥坚持“没有传播影响的宣传，等于白做”“酒香也怕巷子深”的理念，在创意发掘、内容选题、标题拟定、矩阵传播方面做了大量的工作。坚持“颜值即正义、好图胜千言”，比如在短视频封面、海报设计、文创产品等方面十分注重审美，经常结合当下流行、注重用用户的视觉体验。

在服务企业、链接资源方面，大沥坚持“宣传也是生产力”“共赢方能可持续”，主动发挥宣传的服务力、引领力、影响力。通过品牌赋能、流量赋能、资源赋能等方式，全方位为辖区产业、协会、企业做好宣传服务，从而实现资源整合，让企业与党委政府双向奔赴。

在新媒体运营方面，大沥坚持“用户思维+长期主义”理念。比如“南海大沥”公众号运维，始终以用户为导向，一切从用户需求、用户喜好、用户体验出发。针对不同的人群受众，

“南海大沥”公众号进行差异化、针对性的内容生产与服务供给，将其打造成为全国首个镇街百万粉丝政务公众号。

此外，“磨刀不误砍柴工”“大胆心细脸皮厚”“早起的鸟儿有虫吃”“办法总比困难多”这些最平常道理、理念对大沥宣传工作开展起到很好的作用，书中的实践案例有充分的展示，在此就不一一阐述。

大沥宣传工作取得的一些特色与成绩，离不开历届镇党委政府的重视与支持，离不开上级宣传部门对大沥的关心与指导，离不开代代相传的宣传人的传承与奉献，离不开长期密切联系的媒体的大力支持。特别感谢张志安教授一直以来对大沥宣传工作的关注与支持，帮助大沥宣传站上一系列全国性的舞台。

为了让大沥的经验可以更好地呈现出来，为更多地方的基层融媒发展提供参考，我们策划编写了这部《宣传力》。在本书编写的过程中，我们得到了有关领导、专家、媒体和社会各界的多方指导。他们的智慧、经验和成果，为本书提供了宝贵的指导，丰富了本书的内涵。他们对基层融媒发展的关注，是大沥宣传工作不断前进、探索实践不断创新的动力。在此，我们表示衷心的感谢。

宣传力的实践，是一个长期而复杂的过程，需要我们继续学习、勇于创造。本书的出版，只是对宣传力的一次初步探讨和尝试。我们相信，随着社会的发展和进步，基层融媒体工作将不断深化和完善，其重要性得到更广泛的认同，成为推动高质量发展的重要力量。

世上无难事，只要肯登攀。我们希望，这本书能够为全国更多地方的融媒体工作提供有益的思考和启示，贡献一份力量。

本书编写组

宣传力

一个珠三角大镇的融媒传播实践

目　录 CONTENTS

第一章 区域品牌如何被更多人看见？

大沥广佛国际商贸城中心区是灯湖中轴的重要组成部分

在全球化、城市化进程不断加速的背景下，城市品牌形象的塑造成为提升城市竞争力、吸引投资与人才的关键。用互联网语言来说，城市品牌形象就是城市“人设”。作为一种无形的文化资产，“人设”不仅反映了城市的历史和文化，也展现了其未来发展的愿景和方向。

正如凯文·莱恩·凯勒（Kevin Lane Keller）在《战略品牌管理》一书中提到，“城市品牌化的力量就是让人们了解和知道某一种区域并将某种形象和联想与这个城市的存在自然联系在一起，让它的精神领域融入城市的每一座建筑之中。”

每座城市都有其长处，关键在于如何挖掘并放大这些特质。城市“人设”应该是一座城市的内在精神的体现，城市品牌和商业品牌一样具有独特性特征。那么，对于镇一级的城市“人设”，你会首先想到关于它的什么？是产业、文化还是其他标签？

大沥，一座有着800多年历史的广东名镇。有史可考，“大历”一名，较早出现于明朝永乐六年（1408年）编修的《永乐大典》中，至清朝同治时，所有史志记载均为“大历堡”，同治十年（1871年）所修《南海县志》也称“大历堡”，光绪朝中后期有“大历”“大沥”两称同用，民国起统一称“大沥”。

这样一个有着历史沉淀的镇街如何打造自己的“人设”？这本身就是一项长期的系统工程。早期，大沥城市“人设”的形成是一个自然的过程，政府没有进行有意识的策划引导。但是近年来，随着区域竞争的加剧以及发展经验的成熟，大沥把打造城市名片、塑造区域品牌作为一个重要的工作常抓不懈，逐渐找到属于自己的凝聚着城市功能、理念、整体价值趋向的城市名片。

一、让老“人设”焕新

站在省佛通衢的三眼桥上，往东走是千年商埠广州沙面，西行则直通佛山南海大沥。这独特的地缘优势，形成了大沥的商贸基因，也造就了“商贸大沥”的金名片，这就是外界眼中大沥自然形成的区域“人设”。

商贸大沥的故事，可追溯到500多年前。大沥的圩市最早载于《永乐大典》。“近来似城郭，茶肆酒楼新。”清代学者胡方一首关于盐步圩市的小诗，就描绘了清初省佛通衢沿线的盐步圩盛景。据《南海县志》记载，明清两代，大沥、盐步、黄岐曾出现的圩市共达16个。

三眼桥往东是千年商埠广州沙面，西行则直通大沥腹地

当商贸的种子遇上改革开放的春风，便催生了一派繁荣的蓬勃春色。1979年，香港"内衣大王"罗杰伦投资建设了大沥第一家港资制衣厂——盐步丽施胸围厂；1982年，旅港乡亲林亮创办了大沥第一家港资玩具厂——盐步塑料玩具厂；1989年，南海第一家港资独资企业嘉扩纸品有限公司在黄岐诞生；1992年，港商邝汇珍创办的亚洲铝材厂在大沥开业……

在这样的氛围下，从第一个由大沥供销社投资的烟草专业市场开始，再到摩托车市场、电器市场、布匹市场等，众多专业市场沿着广佛路次第铺开，部分专业市场在当时的珠三角乃至全中国都小有名气。

如今，一条16.5公里的广佛路，聚集着46个各类专业市场，6万多个工商户，年交易额超过8000亿元，产品辐射100多个国家和地区。

商贸大沥这个区域品牌，是大沥的宝贵财富。几十年里，正是在这样的积淀下，大沥吸引了大江南北的人们集聚在此投资兴业，并获得了闻名全国的“中国有色金属名镇”“中国铝材第一镇”“中国内衣名镇”“中国商贸名镇”称号。

回顾近40年的历史，佛山+客户端的《大沥，一个商贸重镇的40年风云路！》分析，在改革开放初期的20年里，是工业化主导着大沥城市化的进程，这个阶段的发展常被贴上“粗放”的标签，而后大沥的经济发展开始与城市共舞，大沥整体也从专业镇经济向城市经济转型。

但是近年来，大沥所擅长的产业领域出现了越来越多竞争者，从商贸批发到铝型材、内衣等产业的优势越来越小，商贸大沥的品牌影响力已不如昔日。

在这样的背景下，大沥越来越强烈地意识到，区域品牌

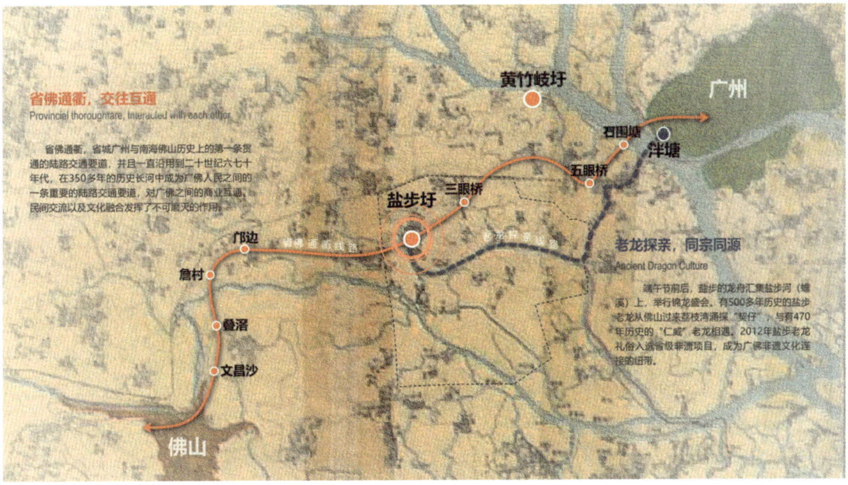

省佛通衢文化带

不能吃老本，必须由政府力量积极介入、超前引领，进行策划包装。同时，一个区域品牌的积累需要相当长的时间，不能轻易另起炉灶，大沥仍然要继续坚持商贸大沥这个品牌，将其打造为充满时代朝气的“老字号”。围绕“老字号+新内涵”基本原则，近年来大沥采取了一系列宣传措施。

擦亮老“人设”、老品牌需要以事实为基础，不断捕捉一个地区发展的新亮点、新趋势，向社会传递信心。大沥的城市品牌宣传长期聚焦大沥商贸产业的发展新趋势，特别是电商等近年来在大沥崛起的新产业。

同时，商贸大沥不仅基于产业面的升级，也基于城市面的更新。

当前，任何一个区域形象的成立，都不能只依靠产业维度，还必

龙舟是大沥的一张重要文化名片。图为2024年沥桂龙舟赛

须围绕可知可感的城市维度。

从南海桂城延伸到大沥的灯湖中轴，是大沥产业和城市转型的重要载体。在此背景下，这条中轴也为当地擦亮商贸大沥品牌提供了一个可供宣传的具体城市空间。围绕这条轴线，大沥连续数年开展了一系列活动和媒体宣传，让商贸大沥有了新的形象、新的故事、新的内涵。

这些宣传是紧扣政府的城建节点和举措开展的。2023年5月22日，在南海灯湖中轴公园示范区，大沥正式启动城市品质提升三年行动计划，计划总投资198亿元，围绕路畅、境美、优教、乐活、安康五大方面打造116个项目，推动南海超级中轴大沥段和周边区域的城市整体升级。结合计划的发布，大沥广邀央媒、省市媒体以及网络媒体、头部正能量自媒体推出了系列宣传报道，包括短视频、评论、通信等丰富内容，并以此为起点延续了长达近半年的城市宣传，把城市建设的活力转化为城市的品牌力。

商贸大沥这个老品牌的再焕新，对内强化了大沥党员、干部、企业家干事创业的信心和热情，对外提高了大沥城市知名度、增强城市吸引力、擦亮城市辨识度、提升城市竞争力，更吸引不少投资、促进城市高质量发展。

二、全力塑造“新网红”

让城市“被看见”是现代城市发展的重要策略。随着城市之间的竞争越来越激烈，如何让自己的城市在社交媒体和短视频平台带来的信息爆炸中脱颖而出、吸引更多的关注和资源，成为区域发展必须面对的问题。

珠三角是国内镇域经济发展最快的地区之一，如何在强镇之间脱颖而出，打造具有生命力的城市品牌？大沥在坚持擦亮“商贸大沥”这个侧重产业维度的老品牌的同时，进一步提出面向企业家、科学家、艺术家和青年打造“网红之城，中心大沥”，这是大沥适应移动互联网时代的新尝试。

让“网红大沥”被看见需要有清晰的战略规划。近几年，大沥一直围绕年轻受众，梳理并明确大沥的城市优势和特色，找到自己的独特“卖点”，然后通过各种渠道和平台向外界传播。

“这不仅需要对大沥的历史和文化有深入的了解，更需要对受众的需求和期望有敏锐的洞察力。”大沥镇宣传文体旅游和教育办公室负责人认为，让大沥“被看见”需要创新思维和敢于尝试的勇气，要敢于打破传统的思维模式，勇于尝试新的城市营销策略，“我们一直在关注年轻一代的需求和喜好，运用互联网思维和新媒体平台，打造独特的城市品牌形象。”

打造“网红大沥”品牌，虽然是一个新课题，但仍然离不开传统文化的底蕴。作为广府文化发源地之一，大沥有中国民间文化艺术（粤曲）之乡、中国摄影之乡和广东省民间文化艺术之乡（书画、摄影、传统龙舟、藤编）、广东曲艺传承基地等多块金字招牌，文化底蕴深厚。近年来，大沥成功塑造了醒狮、盐步老龙、“中国照相机之父”邹伯奇等特色IP。2023年端午节期间，“盐步老龙”先后登上央视、新华社、凤凰卫视等主流媒体，向全国大众展示大沥民俗文化魅力。

在传承和发展传统文化的同时，大沥致力于培育本土“新潮文化”新优势。2022年，大沥策划全国首个稻田超模时尚秀，将盐步内衣产业与音乐节有效结合，塑造时尚产业品牌，“文化+产业”有效带动盐步内衣的发展。

2023年8月，“网红之城　中心大沥”2023灯湖中轴音乐季活动

2024年6月2日，大沥举行一年一度的盐步老龙起龙仪式

正式启动。作为南海唯一以城市区域为主题的大众音乐文化品牌——2023灯湖中轴音乐季陆续走进大沥热门商圈、网红地标、知名企业，因地制宜举办了15场音乐节，水平高、跨度大、影响广，吸引超过300万人次关注。尤其值得注意的是，音乐季的每一场音乐活动不但人潮聚集，更与城市和产业发展紧密融合，实现了政企联手“造节”，已成为佛山镇街文化领域的现象级品牌。2024年5月，灯湖中轴音乐季在全新升级后迎来“第二季”。

南方日报的《灯湖中轴音乐季，火了！》一文就描述了现场：作为一场“接地气”的盛会，现场不仅有火爆的音乐节，还设置了热闹的创意市集。除了有各种创意产品之外，活动主办方还安排了免费的啤酒、鸡尾酒畅饮。

佛山+客户端的《“文化+”引领中心大沥“流量”变“留量”》也认为，在“文化+”的驱动下，大沥不断创新形式，探索了一条城市发展与品牌建设相结合的道路。目前，大沥以数字化、媒体化、周边化、舞台化、国潮化等方式，积极策划灯湖中轴音乐节、盐步老龙礼俗等系列湾区影响力的品牌活动，更好地满足了新时代青年精神文化的生活需求。

在经济发达的省会强市中，网红城市的打造已经屡见不鲜，涌现出成都、杭州等成功案例。但是相比于这些大城市，一个镇街如何成为网红还是一个新的课题。在这条路上，大沥的探索初见成效，但还需要久久为功。

2023年11月11日，大沥举办灯湖中轴音乐季之稻田音乐节

实践案例

"网红大沥"城市品牌，是怎么打造的?

◎策划思路

2022年，佛山市将大沥镇纳入中心城区范围，南海区也将大沥镇纳入千灯湖中央活力区版图。2023年，"中心大沥"战略横空出世，以"过河进湾、产业第一、项目为王、工商并举、品质领航"为工作主线，大踏步迈向广佛同城核心。2024年，南海区委提出打造千灯湖中轴文旅商贸集聚区、千灯湖公园商圈，大沥率先响应。

作为"中心大沥"战略的重要落脚点，灯湖中轴片区发展备受瞩目，聚焦区域发展，大沥镇策划推出"网红之城 中心大沥"2023灯湖中轴音乐季。作为南海区唯一以城市区域为主题的大众音乐文化品牌，音乐季将"灯湖中轴"贯穿到活动命名、选址、设计、形式、节目全过程，旨在提升区域知名度，加快推进文化、艺术、消费等"过河进湾"。

第一，大沥需要探索出一条城市发展与品牌建设相结合的道路。一系列的音乐季活动，正是"网红大沥"在传承和发展传统文化的基础上，不断激发全社会文化创新创造活力，通过挖掘本土"新潮文化"而打造的城市文化新优势。

在"文化+"理念的驱动下，大沥自2022年策划全国首个稻田超模时尚秀后，又将贵州丹寨非遗传统文化与盐步内衣产业相结合，2023年8月在TIC时代创客艺术中心举行"时尚与传承"——美思之夜，让本土产业以更新潮、更网红的势头走入大众视野。

第二，以潮玩活力为发力点，奏响网红之城进行曲。灯湖中轴音乐季是“政府主导、企业出资、群众参与、全民共享”的主题式音乐节，先后走进广佛智城、TIC时代创客艺术中心、灯湖中轴公园、“盐步老龙1432”、金沙洲电商直播基地等网红地标，因地制宜举办潮流、怀旧、亲子、时尚、电商、稻田等主题的音乐节10余场，通过“潮玩”文化活动助力灯湖中轴发展引流、聚流，有效提升网红之城、中心大沥的影响力、辐射力。

第三，以区域提升为关键点，加速兑现城市价值。自启动以来，“音乐潮”吸引线上线下超300万人关注，一众投资商将目光聚焦到灯湖中轴尤其是南海艺术中心片区，这里已成为大沥镇乃至南海区最火热的投资热土之一。仅2023年9月上中旬，大沥镇就累计挂网6宗工业用地，土地面积共约940亩，这些项目均有着优质的产业规划和较高的投资额度。同年10月23日，其中的龙船洛改造地块和太平北海工业区改造项目地块相继摘牌，充分彰显大沥城市区域价值的兑现力。

◎媒体报道（摘要）

1. 南方日报：《“过河进湾”一年，大沥灯湖中轴怎么样了？》

一个广佛之交的产业大镇，有没有机会创造“世界级景观”？

2023年12月23日，佛山南海大沥举行“灯湖中轴 城市向上”灯湖中轴重点项目发布暨集中动工、开放仪式。南海艺术中心三大场馆及其配套的灯湖中轴滨江公园、灯湖中轴公园示范区二期等共16个重点项目，总投资达131亿元，迎来最新进展。

对于大沥来说，灯湖中轴是其整个城市品质提升的先锋。大沥坚持“高起点规划、高水平投入、高标准建设、高大上配套、高成长未来”，不但全力激活灯湖中轴，还推出了城市品质提升三年行动计划。2022年11月25日，大沥举行了南海超级中轴规划发展沙龙。占据中轴线最长段的大沥，发布了一批重点项目，并立即启动首批5个市政配套项目的建设，正式吹响“过河进湾”号角。

一年过去，首批项目全部完工，这条超级中轴也以“灯湖中轴”之名为各界熟知，并成为大沥推进“百千万工程”、建设“中心大沥”的城市新名片，获市民和国内企业广泛关注。华南理工大学建筑学院教授、博士生导师袁奇峰认为，灯湖中轴北移、与佛山水道交汇于南海艺术中心片区所处的“十字轴地区”，最有机会创造出世界级的景观。

活动现场，MAD建筑事务所团队发布了南海艺术中心的最新规划方案：包括大剧院、博物馆、体育中心及相关配套建设，融合艺术、文化、商业及休闲娱乐等功能，将建成南海区未来文化新地标、广佛城市客厅新名片。

2023年来，大沥镇土地出让收入超123亿元、位居佛山镇街首位，其中的大头就来自灯湖中轴。尤其是南海艺术中心片区拍出多宗土地，如厦门建发以佛山最高楼面价，摘得河西沿江片区改造项目3D地块。

2. 南方日报：《深读｜南海城变，还看大沥》

一流的城市，要有一流的地标。于21世纪初始建的千灯湖，是佛山全市有代表性的地标，不仅集中展现当地的发展水平、文化风貌，更是当地消费经济、旅游经济、高端服务业的重要支撑。

南海艺术中心片区项目又名“南海之眼”，是佛山市千灯湖片区北延的首个项目，也是南海中轴线北延发展的重要片区、广佛全域同城化的桥头堡。当下，佛山市南海区正牢牢把握“过河进湾”的整体要求，站在粤港澳大湾区、广佛极点的高度来谋划南海艺术中心片区发展，与广佛湾、高铁佛山东站等建设有机联动，以期为南海城市发展打开崭新格局。

据大沥镇相关部门透露，为建设好这一片区，南海区委、区政府专门筹集了8亿元，用在南海艺术中心第一期的基础设施上，而三大场馆的建设计划投入则将达25亿元。

为保持千灯湖中轴景观、环境的延续性，南海邀请了操刀千灯湖公园设计的团队——SWA与大地创想团队对南海艺术中心片区进行景观设计。“这个片区的景观设计将围绕‘千灯聚璀璨　万花集英杰’这10个字展开。”SWA与大地创想联

专题
佛山南海艺术中心片区动工建设，“过河进湾”迎来重大进展
南海城变　还看大沥
城市过河
大沥起舞

合体代表、广东省工程勘察设计师千茜说，大沥商业氛围浓厚，有独特的文化底蕴和地域风格，“万花圩”的概念正是为了贴合这一点，“如果说千灯湖是内嵌式的，那么万花墟则是开放的，更强调城市的交融和互动。”

对大沥来说，南海艺术中心片区的建设，是推动这座工业城镇城市化转型的“棋眼”。作为传统商贸重镇，大沥区位优势突出，是广佛同城的前沿阵地，但城市面貌落后始终制约着大沥发展。

3. 南方日报：《商贸大沥的城市跃进》

千亩“工改工”项目启动、凤池装饰材料市场北区升级改造正式拆除、6个千万粉丝主播入驻电商产业园……炎炎夏日，南海区大沥镇传统产业正在加速“存量焕新”。

2022年7月21日，大沥镇西部产业集聚区3大“工改工”项目签约现场，大沥镇太平社区党委书记郭景钊作为权属方一次签下3份《土地整备协议》，956亩土地进入土地整理阶段。“我们的土地开始整理了，接下来希望南海区、大沥镇能帮忙引进高质量的‘两高四新’企业，我们也要发展现代物流产业。”郭景钊说。

A03
南方日报
南海视窗
传统产业转型触“电”，树起商流经济标杆
商贸大沥的城市跃进

不久前，佛山市委十三届四次全会召开，提出要高质量建设“十大现代服务业产业集聚区”。其中，佛山东部现代物流产业集聚区以大沥、狮山、广佛交界处、货物运输线等区域为点轴，积极构建东部商贸流通大通道，加快建设一批“高标仓+智能化”现代物流产业园，以建设佛山生产服务业国家物流枢纽为载体，力争打造世界级先进制造业物流基地。

要打造现代物流产业集聚区，必须升级传统商贸。早在多年前，大沥就有清醒的认识：商贸是大沥经济的“压舱石”，传统产业这碗饭绝对不能丢，但也绝对不能故步自封。在面临要素成本上升、资源环境压力加大、产能过剩、城市面貌改善等严峻形势下，必须坚决转、快速转、全面转。

正是从这一深层的经济逻辑出发，大沥意识到城市更新与商贸转型要并驾齐驱，政策引领、专业市场升级改造和企业探索“三管齐下”，大沥商贸“老树发新芽”实现了存量“焕新”，更孕育了直播电商发展的新土壤。

4.佛山+客户端：《袁奇峰：谋篇布局20年，今天终于破局了！》

1993年，中国城市规划院提出设计千灯湖的目标，2003年，SWA景观设计公司完成了千灯湖的建设。这是一个高质量的设计，正是因为有了千灯湖，所以我们知道“南海在哪里”，它是整个南海的定海神针。

随着建设的推进，南海千灯湖片区已经成为广东省金融高新技术服务区，还做了继续向北拓展的设想。2005年，我们有机会参与了南海区大沥组团的城市总体规划。彼时在千灯湖北延的黄岐、盐步和大沥三个镇基本是工业区。我们提出用这个地区的改造来为大沥造一个“心”，为南海拓“心”，使南海的中心城区不只限于在桂城这一片，形成桂沥一体的格局。

5. 珠江时报：《灯湖中轴即将崛起“城市绿轴”》

从“南海艺术中心”往北眺望，一条崭新的“城市绿轴”即将到来。3月12日，2024年大沥镇推进绿美生态建设义务植树活动暨灯湖中轴绿芯三大公园动工仪式举行，灯湖中轴公园、九龙公园提升改造工程、雅瑶香基四季农业改造工程集中动工，总面积达30.7公顷（460亩），计划在今年完工。

全长12.8公里的南海千灯湖城市中轴，有7公里在大沥范围内。近年来，大沥高标准落实南海城市中轴北延规划，在南海城市中轴中心最高点打造的城市发展新标杆——“灯湖中轴”和“南海艺术中心”。

如今，在“绿美”浪潮下，大沥将推动灯湖中轴崛起一条“城市绿轴”。当天，灯湖中轴公园（配建部分）、九龙公园改造提升工程和雅瑶香基四季农业改造工程三大公园集中动工，三大公园总面积达30.7公顷（460亩），总投资额为1.5亿元，计划在2024年完工。

6. 珠江时报：《项目建设进展迅速　大沥加速过河进湾》

自2023年大沥城市品质提升三年行动计划发布一个月以来，大沥加速推进道路、生态、教育等多个项目，加速过河进湾。在全新的“广佛全域同城3.0时代”的背景下，奋力拼出“中心大沥”的江湖地位。

大沥城市品质提升三年行动计划围绕路畅、境美、乐活、优教、安康5大板块提升城市公共配套设施，共计116个项目，总投资达198亿元，涵盖道路、生态、康体、人文、教育、医疗等多个方面。目前，南海艺术中心片区建设最为迅速，三条道路工程进度条刷新、三大场馆正在清表、滨河景观带和中心湖区景观工程也有新进展。

此外，7月3日，大沥将出让南海艺术中心片区两宗望江靓地，合计起拍总价超过25亿元。这两宗地块，都在佛穗莞城际及佛山地铁六号线穗盐西路站的辐射范围内。

7. 学习强国：《佛山：过河进湾　中心大沥》

灯湖中轴，城市向新。走进佛山市南海区大沥镇，遇见深入肌理的城市美学，让街区可漫步，让设计有温度。

8. 南方日报：《深读 | 灯湖中轴，奇迹属于大沥》

要在当下的佛山，选出最有发展活力、最有“IP”价值、最有想象空间的地方，南海灯湖中轴一定榜上有名。

在12月25日举行的“广佛核心轴　灯湖再出发”南海艺术中心场馆暨灯湖中轴重点项目启动发布仪式上，一批新项目、新谋划、新行动也引起了社会广泛关注，一幅“广佛核心轴”的动人画卷展开了。

这张中轴画卷的最中心，大沥的新动向尤其让人感到活力与信心——南海艺术中心场馆设计方案亮相，并计划2025年上半年动工；佛穗莞城际正由广佛共同推进工可研究审批，将成大沥首条地铁；8个重点项目现场签约，7个重点项目正式启动，多块“靓地”集中推出……

作为五百年来的“省佛通衢”，大沥曾有过许多高光时期。“中心大沥”的提法虽然近两年才有，但大沥其实一直都是中心。在明清之前，广州、佛山很多交往都是靠水路，效率不高。随着省佛通衢这一陆上要道的开辟，大沥成为广佛交往的一个中心。改革开放后，从广佛公路到“中山九路”，大沥的发展在南海乃至佛山都一直是引领性的存在。

近两年里，在“百县千镇万村高质量发展工程”牵引下，南海灯湖中轴快速崛起，给了大沥一次绝佳的历史机遇，而大沥也接住了这波“泼天富贵”。“灯湖中轴”的城市IP逐渐成型，并与大沥深度绑定在一起。从灯湖中轴公园、灯湖中轴滨江公园等城市空间营造，到灯湖中轴音乐季等城市品牌活动连年举办，大沥持续用自己的力量，让“灯湖中轴”的IP火出圈。虽然千灯湖不在大沥、灯湖中轴还包括其他镇街的部分，但当人们谈到灯湖中轴时，很多时候就是在谈论大沥。

现在来看，大沥不只是要接住“泼天富贵”，更是灯湖中轴IP价值的重要源头，是灯湖中轴发展的关键动力、潜力所在，要再一次创造奇迹，成为整个灯湖中轴乃至广佛都市圈的未来门户。

如果说大沥不是中心，那谁才是中心？

9. 珠江时报：《灯湖中轴，沿着“中心”蓬勃生长》

中轴之上，潮起未来；活力南海，更见精彩。12月25日上午，在南海区委区政府的大力推动下，“广佛核心轴 灯湖再出发”南海艺术中心场馆暨灯湖中轴重点项目启动发布仪式在南海艺术中心场馆所在地举行。

作为千灯湖北延过河的第一站，南海艺术中心片区承担着推动城市资源、创新资源、高端产业资源等“过河进湾”的重任，是南海中轴线北延发展的重要片区，更是广佛全域同城化的桥头堡。在当天的启动发布仪式上，南海区还“官宣”将以“南海艺术中心”为圆心，紧扣“灯湖北延同发展，文旅商交相融合”发展目标，打造多网协同一体化的智慧生态交通网络，助力千灯湖中轴打造“公园畅享地、文旅潮玩地、商贸乐购地”。

灯湖中轴商贸街区地块也将以南海艺术中心为核心，重点打造文商旅融合新地标。与此同时，联东U谷·佛山科创之星、佛山市中深（大沥）智造产业基地、南实中轴小学、岭南路跨铁工程、保利艺术季、鹿尔花园等一批涵盖产业发展、城市更新、城市配套和人文等多领域的重点项目开启建设。而随着千灯湖中轴商圈联盟的成立，来自大沥、桂城两个镇街的多个联盟成员将通过资源互补与协同合作，共同为建设千灯湖中轴文旅商贸集聚区聚力。

过去两年，灯湖中轴已展现超强的兑现力；展望未来，这条超级中轴也必将成为南海区乃至大湾区最耀眼的城市新名片、最活跃的发展强引擎、最丰富的文化交汇点以及最具潜力的商贸乐购地，承载南海文商旅融合的城市“繁华”，积蓄起全速发展的磅礴势能。人们已经可以畅想，随着各个重点项目的启动，一个个城市地标将破土而出，一条条崭新道路将逐渐成型，一所所优质学校将投入使用……它们将见证大沥书写“过河进湾”发展的中轴崛起精彩故事。

蓬勃生长的灯湖中轴，未来可期的中心大沥，足以让人们充满想象力。

亲历者说

大沥镇宣传文体旅游和教育办公室主任　刘成：

将“关注红利”转化成“发展动力”

文化是城市经济社会发展的深厚底蕴，是滋养城市根脉的沃土，更是推动城市经济社会持续发展的深沉动力。

大沥有着中国民间文化艺术之乡、中国摄影之乡和广东省民间文化艺术之乡、广东曲艺传承基地等多块文化金字招牌，文化资源丰富，历史底蕴深厚。迈向现代化新征程的“中心大沥”，在传承和发展传统文化基础上，我们挖掘本土“新潮文化”，打造城市文化新优势，通过打造灯湖中轴音乐季品牌，融入城市升级、产业发展、夜经济等重要工作，同时联动重点企业、热门商圈、网红地标，呈现出跨度大、水平高、影响广的特质，在佛山镇街文化领域掀起一场现象级的品牌传播热浪。

同时，以“网红”促“长红”，这是大沥在高质量发展中走出的特色之路。凭借多点开花的“网红”IP，丰盈城市文化内涵，彰显大沥城市美学魅力，推动时尚产业发展，更以一场场高水准、高质量、高规格的群众文化活动，涵养兼具网红特质、艺术气质的文化名镇。

让“文艺范”融入生活，让群众更有幸福感。大沥文化品牌已深度融入群众出行、娱乐、住房等生活的方方面面，真正与城市琴瑟和鸣，与产业同频共振，与群众共飨盛宴。如名企百园、网红街、房博会、“盐步老龙1432”等潮玩项目，让“文艺范”更足的同时，也展示城市建设新进展，塑造着新追梦空间、引领新潮流生活方式、讲述新发展故事，不断刷新人们对大沥的印象，并顺势将“关注红利”转化成“发展动力”。

在“中心大沥”高质量发展的路上，这样的红利与动力，不断提升着城市整体价值。我希望在未来，让更多年轻人发现大沥、了解大沥、爱上大沥，最终安居大沥，形成人与城市完美的双向奔赴，让“居者自豪、来者依恋、闻者向往”。

第二章　城市品牌服务城市战略，要把握哪两个关键？

2023年5月19日，《你好大沥》城市主题曲及MV在影院举行发布仪式

任何一个地方的发展，既基于历史的传承、时代的机遇，更有赖于战略的引领。战略对于一个地区至关重要。区域发展必须善于利用战略思维，善于从战略上看问题、想问题。

大到一座城市，小到一个镇街都是如此。尤其是在珠三角地区，传统的镇域经济发达，很多时候发展水平相当于内陆省市的一个县甚至地级市。由此，珠三角镇街在发展中的主动性非常明显。镇街要发展，离不开既顺应发展趋势又有超前引领性的战略。

服务好区域战略，是镇域宣传工作的核心任务之一。一个战略要取得成功，在于制定的成功，更在于执行的成功。

在这个过程中，除了战略要科学合理，还有一个关键，就是战略本身要能做到深入人心——不但要深入作为执行者的党政干部心中，更要深入广大老百姓、企业家、各界人士心中，成为全社会人士的共同目标。如此，一个地区方能凝聚合力，加快把战略的蓝图化为看得见摸得着的实景图。

那么，如何让城市重大战略深入人心？这是宣传工作服务中心工作的核心任务之一。

在这方面，大沥给出了一个经过实践检验的回答，即关键在于把握好“贴近性”和“持续性”。

一、坚持“贴近性”

一项战略的实施与宣传，并不是一个简单的过程。

要通过宣传，让区域发展战略深入人心，必须让党政部门、社会各界都充分深刻理解战略的背景、内涵和意义，从而凝聚最大的社会共识。

这就要求宣传工作必须想尽各种办法，真正从各方的关注点出发，用贴近性的语言、形式，从各种维度，对战略进行解读。

作为商贸和制造业重镇，大沥GDP超过了600亿元。迈向高质量发展，大沥有深厚的基础，同时也面临发展空间、动能转换、城市品质等领域的一系列难题，有待进一步解决。

2023年2月23日，大沥举行广佛湾重点项目启动仪式

2021年3月国家“十四五”规划和2035年远景目标纲要发布实施以来，大沥加快新一轮发展，从“大规划”入手，以“过河进湾、产业第一、项目为王、工商并举、品质领航”为工作主线，打开了新的局面。

尤其是在2023年年初，“中心大沥”战略横空出世，在佛山镇域乃至广佛全域同城化发展中写下了精彩的一笔。

根据“中心大沥”的战略谋划，大沥计划用五年时间，筹集投入2500亿元资金，聚焦新中心战线、新动能战线、新文化战线，实施十二大行动，打破制约大沥当前发展的困局，勇当广佛同城中心、佛山城市中心、都市产业中心、商流经济中心、时尚消费中心、人才活力中心，拼出“中心大沥”的江湖地位。

为将“中心大沥”的蓝图化为“实景图”，大沥还提出了“13312”行动计划，即围绕“百千万工程”这个1个平台，按照城乡共融、改革转型、安稳人和3条工作主线，落实资金、土地、队伍3个聚焦，实施强党建、实产业、快土整、谋资源、借平台、美环境、优服务、早执法、保安稳、惠民生、活队伍、严监督等12个方面行动。

在此背景下，大沥把“中心大沥”作为宣传工作的重点，组织策划宣传。为什么要实施“中心大沥”战略？“中心大沥”将创造怎样的未来？哪些群体将在这个战略的实施中受益？有哪些具体行动和政

“中心大沥”宣传海报

策即将推出？

围绕这些关键问题，在“中心大沥”战略发布后，大沥针对机关党员干部、本地市民和村民、大沥本土制造业企业家、商贸企业家、外来创业团队、就业者等受众关心的热点，把党委政府的决策部署“翻译”成社会各界能读懂、有兴趣、有共鸣、有回音的内容，举行线下发布会并组织策划了一系列各有重点、形式各异、引人关注的宣传，通过消息、评论、政策解读、视频访谈、一图读懂等形式，迅速在全社会引发了对“中心大沥”的广泛认可和支持。

一个既体现了“贴近性”，又实现了破圈传播的例子是《你好大沥》MV的发布。2023年5月19日，大沥城市歌曲《你好大沥》MV首映。该MV由大沥学子、2022年《中国好声音》总冠军梁玉莹演唱并出镜拍摄。梁玉莹对MV拍摄非常用心，凌晨3时起床做妆发，7时到现场开始拍摄，一直到晚上10时。

《你好大沥》宣传海报

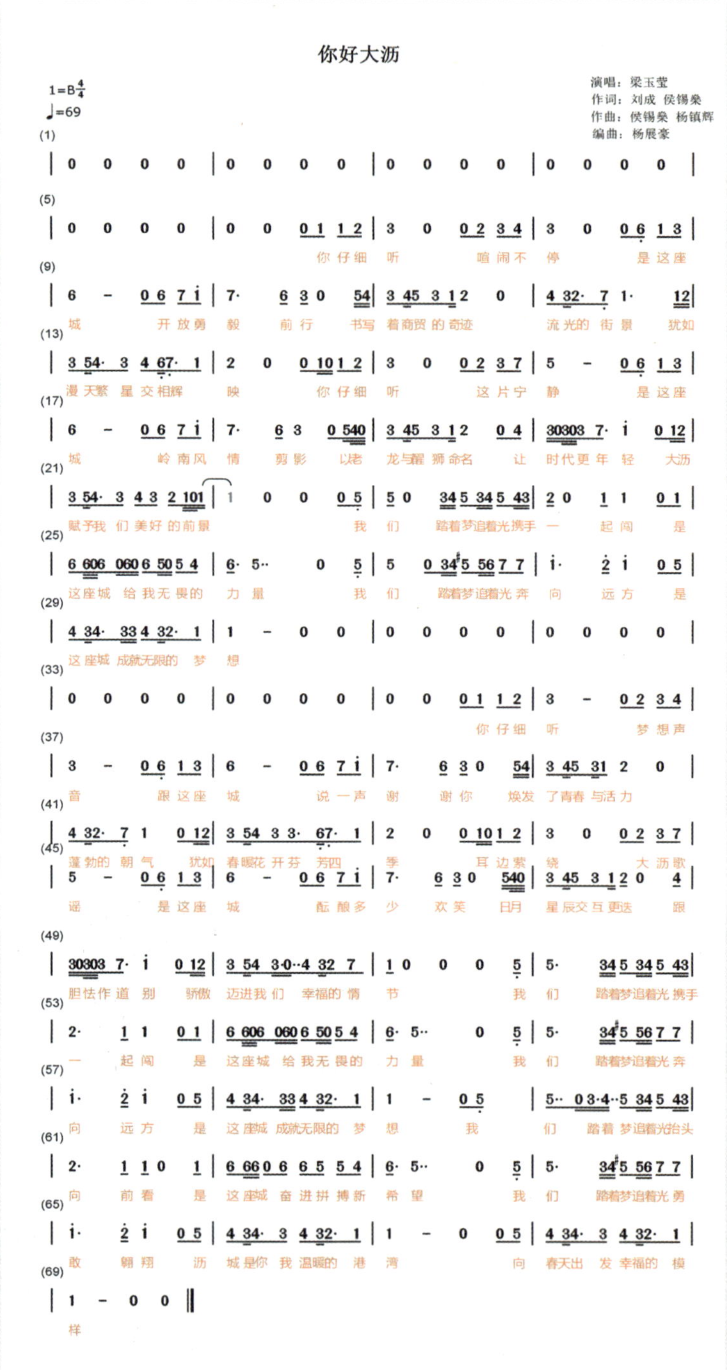
你好大沥
1=B 4/4
♩=69
演唱：梁玉莹
作词：刘成 侯锡燊
作曲：侯锡燊 杨镇辉
编曲：杨展豪
你仔细 听 喧闹不 停 是这座
城 开放勇 毅 前行 书写 着商贸 的奇迹 流光的 街景 犹如
漫天繁 星交相辉 映 你仔细 听 这片宁 静 是这座
城 岭南风 情 剪影 以老 龙与醒 狮命名 让 时代更 年 轻 大沥
赋予我 们美好 的前景 我 们 踏着梦追着光携手 一 起闯 是
这座城 给我无畏的 力 量 我 们 踏着梦追着光 奔 向 远方 是
这座城 成就无限的 梦 想
你仔细 听 梦想声
音 跟这座 城 说一声 谢 谢你 焕发 了青春 与活力
蓬勃的 朝 气 犹如 春暖花 开芬 芳四 季 耳边萦 绕 大沥歌
谣 是这座 城 酝酿多 少 欢笑 日月 星辰交互更迭 跟
胆怯作 道 别 骄傲 迈进我 们 幸福的 情 节 我 们 踏着梦追着光 携手
一 起 闯 是 这座城 给我无畏的 力 量 我 们 踏着梦追着光 奔
向 远 方 是 这座城 成就无限的 梦 想 我 们 踏着 梦追着光抬头
向 前 看 是 这座城 奋进拼 搏新 希 望 我 们 踏着梦追着光 勇
敢 翱 翔 沥 城是你 我 温暖的 港 湾 向 春天出 发 幸福的 模
样

《你好大沥》词谱

《你好大沥》作为梁玉莹首支描绘青春奋斗、成就梦想的城市歌曲，拍摄取景囊括了有色金属楼群、创客产业中心、广佛智城以及盐步老龙、中联醒狮等多个人气地标，以“沥”元素满满的歌词与动人激情的旋律，充分展现了在大沥这个开放包容的经济重镇，每一个城市追梦人拼搏奋进、创造奇迹的精神力量，是大沥镇在打造出百万粉丝政务公众号后，再次创新“玩法”、持续“圈粉”的又一有益探索。据不完全统计，上线仅一天，歌曲MV播放量已超过40万。

随后，大沥继续创新性推出宣传影片《新中心 新大沥 新活力》《520告白我的大沥》《夜经济交响乐快闪》《遇见你，刚刚好》等，有效展现了大沥现代、时尚、活力、宜居的特色与创新包容的文化。

这就是坚持宣传中的“贴近性”，对推动战略落地的重要意义。

二、坚守“持续性”

人听清一句话可能只要几秒钟，但是内心的潜移默化、深度认同，需要很长时间。围绕区域战略的宣传服务，必须坚守“持续性”这个重要原则。

“持续性”意味着避免追求短期行为、追求“速胜”，而是要做好打持久战的准备。宣传工作不是大喇叭，发完一个通知就结束，而是要久久为功、持续用力，让重大战略真正内化为每个人的观念，最终体现在行为的主动和支持上。

在大沥，重大战略宣传工作的起点，是战略发布的那一刻，更在于之前的积累和酝酿。

大沥近年来聚焦“五个高”，加快推进“过河进湾”

“中心大沥”战略的发布时间，是在2023年2月下旬。而早在2022年11月，大沥就提出将通过“五个高”，即高起点规划、高水平投入、高标准建设、高大上配套、高成长未来，实现南海城市中轴的“过河进湾”，并掀起了一轮宣传攻势，引发了社会各界广泛关注。

2023年2月上旬，大沥召开的一场务虚会对此作了进一步铺垫。大会涉及全镇350多名干部，不仅集中了全体班子成员、部门和社区书记，要求60多名干部一一发言谈思想认识、谈见解看法、谈宏观蓝图、谈规划部署，还全程对媒体记者开放，对发展痛点和短板进行了全面深刻剖析。

这次会议看起来是“务虚”，实则是一场直击问题、非常务实的大会。大沥宣传部门把握这一点，组织媒体进行了突出报道。

例如，佛山+客户端推出的《清风时评 | 升腾的烟火气　奔跑的“大沥兔”》评价，面对“卷”起来的区域竞争，市、区以及企业家、群众的更高期待，大沥的步伐必须加快加快再加快。大沥正带着快过“奔跑兔”的劲头，在高质量发展的新征途上，上下一心、全力

以赴，共同“合奏”出春天的美妙乐章。

当“中心大沥”战略正式推出后，伴随着相关的各项工作启动、落地、攻坚，宣传工作的意义更加重要。

为此，从2023年2月底开始，大沥宣传部门就制定了一个长期、系统的宣传计划，以年度为蓝图，以月度为基本单位，做到每周都有“中心大沥”的宣传内容推出，全年在各类媒体平台推出了相关宣传内容超过200条。

2024年年初，大沥提出既要看到成绩喜人，也要看到形势逼人。如今，大沥传统的发展模式已触及“天花板”，要增强城市更新的带动力、以新提质的生产力、漂亮大沥的吸引力、大沥铁军的战斗力，才能推动镇域高质量发展。从2024年3月开始，在大沥镇委、镇政府的支持下，南方+南海频道推出《破局——南海大沥推进“百千万工程”一线观察》系列报道，聚焦镇域高质量发展的关键领域，访谈镇内各部门、村居的“一把手”和企业家等，谈痛点、讲思路、促实干。

这些内容不是“喊口号”，而是不断从形式、内容、

2023年2月8日，大沥镇高质量发展大会现场

大沥中联黄飞鸿龙狮基地

案例、维度上创新，既做到了“润物细无声”，也做到了“常看常新”。

兼具贴近性与持续性的宣传工作，让“中心大沥”战略成功为人所熟知并理解、接受，也让大沥的城市品牌得到升级，成为推动高质量发展的新力量。

实践案例

“中心大沥”，怎样深入老百姓心中？

◎策划思路

2023年2月23日，“广佛湾 创新区 共同城 向未来”广佛湾重点项目启动仪式在大沥举行。南海区、大沥镇相关负责人和各界代表、专家等齐聚，广州市荔湾区相关部门负责人也专程到场。整场活动中最为重要的，是大沥镇委首次提出并阐述“中心大沥”战略。

为此，大沥充分引导和运用媒体资源，对战略进行具有贴近性和延续性的解读宣传。

第一，做好活动本身的策划组织，让中心大沥的品牌能够惊艳亮相。作为活动组织者，大沥镇多个部门等联合，对活动从场地到各个环节进行了针对性设计。

例如，该活动的举办地大沥盐步环球水产交易市场，有20多年历史，是全国最大的鲜活水产交易市场之一，但市场形态、交易模式都相对传统，是大沥整改提升的对象。将这里选为广佛湾重点项目启动仪式的举办地，也是大沥破除困局、迈向新阶段的缩影。活动中还设计了专家解读片区规划设计情况、重点项目集中签约仪式等环节。

第二，组织媒体对活动进行全方位宣传报道，深入阐发“中心大沥”战略的内涵。

其中，区域性媒体的宣传主要立足大沥本地视角，突出全面性。佛山+客户端《南海观潮（视评）｜“广佛湾”重磅启航 “中心大沥”拼出来》提出，大沥上下一致认为，必须掀起项目建设“大热潮”、干出产业“新气象”、跑出发展“加速度”。

相信在粤港澳大湾区和广佛同城建设背景下，大沥有望从“价值洼地”变成“潜力高地”。

自古广佛是一家。由于大沥有临广的区位优势，所以“中心大沥”的建设也与广州密切相关。为此，广州日报以《广佛湾发展注入澎湃动力》为题，对此做了专门的报道，提出广佛湾是广佛新城中荔湾、南海的重点合作区，并认为大沥的“过河进湾”，不仅推动南海超级中轴北延过河、进入广佛湾，而且将助力南海区打造“现代化活力新南海”，以日新月异的蝶变、奔跑的速度打开大湾区的新畅想。

南方日报在当天除了消息报道《进击广佛湾，大沥将五年筹集投入2500亿元》等内容之外，还刊发了深度观察《南方观察｜“中心大沥”，横空出世》等深度内容。

在“中心大沥”战略发布次日，南方日报紧接着推出了《深读｜让大湾区重新认识大沥》。紧接着一段时间，南方日报陆续聚焦新中心战线、新动能战线、新文化战线及其中的十二大行动，采访社区、企业等社会不同层面，推出系列专题宣传，在扩展深度的同时延续了宣传工作的长度。

第三，在“中心大沥”战略发布后，镇内各种主题活动都围绕其进行策划推广。正如华南理工大学教授、博士生导师袁奇峰反复提及的“行政有界，经济无疆”，未来的大沥，不仅要打破边界，有望从广州佛山“两市的行政边缘”走向“同城的经济中心”，也将焕发全新的光彩。

◎媒体报道（摘要）

1. 南方日报：《深读｜让大湾区重新认识大沥》

广佛湾重点项目启动，将打造广佛全城同城化标杆区域
让大湾区重新认识大沥

2023年2月23日，广佛路上春光如海。

往来广州、佛山两市的车流人流涌动不息，这条“黄金走廊”就像开通几十年来的每个普通日子一样繁忙。

在广佛路南海大沥段的一侧，“广佛湾　创新区　共同城　向未来”广佛湾重点项目启动仪式当天举行。在佛山市南海区、广州市荔湾区相关负责人的现场见证推动下，大沥镇一口气推出了包括广佛湾系列项目在内的156个重点项目，将用5年时间筹集投入2500亿元资金全力攻坚，打造“中心大沥”。

作为广佛同城“1.0阶段”的开创者，大沥尤其是盐步、黄岐等区域很早就被广州人熟知。从“中山九路”到广佛黄金走廊，这里一直是广佛同城的热点门户。随着广佛同城迈入“3.0阶段”、粤港澳大湾区广佛极点加速建设，在以广佛湾为代表的跨区深度合作引领下，大沥开启了新的发展战略。

在这个春天，一颗新的种子已经在广佛湾种下、在大沥种下。

这是奋进的时代，这是敢拼才会赢的时代。在大沥的大地上，新的“施工图”正一笔笔化为“实景画”，期待着世界的刮目相看。

2. 南方日报：《从“捞世界”到“叹世界”：南海大沥新中心行动为何令人期待？》

建设“新中心” 大沥全力拼
推出“三条战线”156个相关项目，着力打造“中心大沥”

在广州大坦沙岛旁，一座新建超过100米的“巨塔”引人瞩目。2023年2月下旬，广佛大桥一期工程主塔顺利合龙，未来将使南海大沥与广州城区的连接翻开新一页。

这里是佛山南海、广州荔湾共建的“广佛湾”，粤港澳大湾区广佛极点的代表性区域。在日前举行的广佛湾重点项目启动仪式上，南海区大沥镇推出新中心战线、新动能战线、新文化战线“三条战线”上的156个相关项目，希望用5年时间打造“中心大沥”。

迈向“中心大沥”，最首要的就是新中心战线，涉及城市客厅、幸福品牌、绿美大沥、湾区通衢、欢聚消费“五大行动”。“等大沥崛起等了十几年，期待广佛湾、广佛新城不一样的面貌，成为佛山城市客厅。”“期待5年后大沥能有实质的变化，由广佛城市边缘真正进入广佛城市中心！”……相关战略和行动发布后，在“南海大沥”等各大网络平台，市民网友纷纷留言点赞。

大沥本来就不能以边缘视之，这是其打造“中心大沥”、推进新中心战线的基础。从世界上来看，没有哪一座有一流影响力的城市，不具备一流的城市规划、城市面貌。建设“中心大沥”，不是政府的自说自话，而是众望所归。

3. 南方日报：《广佛湾上如何崛起一座“新文化”重镇？》

“地域IP”“大师小屋”两大行动推动传统和都市融合发展
建设“新文化” 大沥谋长远

“人们常说‘人杰地灵’，但我认为是‘地灵人杰’，一个地方有了灵气，优秀的人才能成长起来。”在位于佛山市南海区大沥镇的个人雕塑艺术工作室，中国美术家协会会员、大沥美术家协会会长莫松年总是热情地向来客推荐脚下的土地。

大沥，广佛交界一个低调的人文重镇。几百年来，这里是商贸和文化交流繁荣的省佛通衢。近年来，大沥在建设商贸重镇的同时，打造了“醒狮之乡”“摄影之乡”等八大文化IP，吸引培养了一批“大师”，在文创产业上崭露头角。

近日，在跨市共建的广佛湾重点项目启动仪式上，大沥镇首次提出了“中心大沥”的战略构想。作为一个兼具卓越区位优势与深厚文化底蕴的大镇，大沥计划用5年时间聚焦新中心、新动能、新文化三大战线、实施12大行动，拼出新的江湖地位。其中，新文化战线围绕传统文化和都市文化融合发展，涉及“地域IP”“大师小屋”两大行动。

文化是发展的灵魂。“千年大沥生生不息的文化滋养了我们，每一代人都有责任反哺文化、焕新文化，这也是为了未来的大沥能走得更远、走得更好。”

“醒狮之乡”“摄影之乡”“粤曲之乡”“书画之乡”“诗歌之乡”“传统龙舟之乡”“藤编之乡”和“口哨之乡”是大沥传统的八大文化IP。如今，大沥需要把招牌打得更响。在“新文化战线”中，无论“地域IP”还是“大师小屋”行动，最终都要转化为大沥的发展新优势。

如果说新中心战线、新动能战线直接影响“中心大沥”的明天，那么新文化战线则更深刻地影响“中心大沥”更长远的未来。

4. 南方日报：《从“中心”出发　冲刺千亿大镇》

从“中心”出发 冲刺千亿大镇

广佛交界，初冬的阳光洒下，崭新的玻璃幕墙熠熠生辉。多名百亿级乃至千亿级本土企业家齐聚，醒狮伴着锣鼓声舞动，气氛格外热闹。

这是最近佛山市南海区大沥镇荟丰科创产业园启动拆除、招商中心落成启用仪式的现场。曾因发展空间不足而外迁的豪美控股集团“回归”，预计总投资超55亿元打造现代化纺织产业基地，在企业家圈子中引起关注。

这也是今年以来，大沥镇推进“百千万工程”、迈向“中心大沥”的又一标志性事件。目前，大沥镇累计出让商住地块总额123亿元，占南海区达55%。同期动工建设、已摘牌落地、挂牌项目涉及土地超3000亩，预计投资总额达400亿元。

大沥是一个镇，但不仅仅是一个镇，而是广佛乃至广东发展体系里的重要一环，在产业细分领域上在全国甚至世界具有影响力。过去的广佛通衢如此，未来的“中心大沥”更是如此。

当前佛山正在实施强区促镇带村、土地利用效率提升、城市环境品质提升等推进“百千万工程”十大行动，明确要“一镇一策”支持大沥等镇街冲刺“千亿镇街”。作为中国商贸、有色金属重镇以及佛山中心城区，大沥从产业实力到城市魅力都加速蝶变。

2023年，一个新的大沥，正崛起于世界级大湾区的腹地。有实力，更有魅力。向高处立、从实处行、择美处住，让大沥成为“百千万工程”里的一支独特“沥”量。

5. 佛山+客户端：《清风时评｜大力再造　再造大沥》

从2022年初的一部微电影《出发》刷屏，大沥在线上线下充分展示了果敢、担当，到今天大沥推出12大行动、2500亿元投资、156个项目的五年行动计划，再造一个城产人文融合的高质量发展新大沥破冰启航。雄心勃勃、精准实干的大沥回归了！

所有回归者的身后必然有坚毅的足迹，也有悠长的徘徊。曾经的优等生、广佛走廊上畅饮“头啖汤”的大沥，近年来饱尝空间格局掣肘、创新动能不足、产业结构拖累、人才活力匮乏、未来信心缺乏之苦。市场疑问、群众追问、社会各界反问，曾经的广佛第一镇、全国千强镇排头兵，拼力何在、虎威何在？

凡是过往，皆为序章。大沥以“沥”量更加充足、谋划更加深远的规划主动破局、主动迎战、大干一场。大沥以一镇之力推出156个重点项目，以此吹响“过河”冲锋号，擂响“进湾”阵前鼓。这条路注定不寻常，但路虽远，行则将至；事虽难，做则必成。大沥也用气吞万里如虎的决心和胆识宣示：一个新格局、新面貌、新动能的大沥已经启航。

忽如一夜春风来，千树万树梨花开。在2023年新春，听到大沥的号角，是对这个春天最好的献礼。

亲历者说

大沥镇宣传文体旅游和教育办公室副主任　李翠姗：

怎样用宣传服务“中心大沥”战略

大沥镇在启动广佛湾重点项目建设的同时，也对外提出了“中心大沥”战略。“中心大沥”的提出，既有自身的地理优势，又有上级的战略支撑。除了这些硬件，大沥镇更需要让更多企业家、创业者、市民群众更好地了解大沥、投资大沥、发展大沥。宣传就是这个纽带，宣传的魅力在于，能潜移默化地让大家当好“中心大沥”的传播者和推荐者，让大沥的高质量发展跃然眼前。

一是城市硬实力的持续宣传推介，让中心大沥“磁吸力”不断增强。

围绕“中心大沥”战略，策划城市品质三年提升计划、广佛湾、灯湖中轴、直播电商调研等重大主题活动；创设“灯湖中轴”公众号专栏，邀请主流媒体、自媒体深入挖掘、凸显中心大沥潜力价值，实时公布灯湖中轴片区开发进度。聚焦大沥镇全域土整、村改、工业上楼等重点工作方向，做好重大项目宣传，围绕产城更新主题策划《南方视评》《醒世龙言》《波哥开播》《会面》等近10期深度评论视频，推出《大沥破局——南海大沥推进“百千万工程”一线观察》《沥商传奇——南海大沥企业家精神调研》《产业新沥量——大沥镇产业向“新”发展提“质”一线观察报道》等系列报道，彰显大沥城市区域价值的兑现力。

二是城市软实力的持续宣传推介，让中心大沥“城市范”出圈崛起。

作为省佛通衢文化的核心区，大沥是一座有内涵、有魅力、有活力的文化之城。大沥镇通过宣传服务，推动盐步老龙、醒狮、省佛通衢等地域IP传承创新、跨界焕新。大沥还以活动造节模式，举办“网红之城　中心大沥”2023和2024灯湖中轴音乐季活动，创新“文化+城市+产业”模式，进一步塑造城市形象、激发青年活力、发展人文经济，让“节庆流量”转化为中心大沥的“发展增量”。

第三章　如何在镇域唱响“经济光明论”？

大沥铝型材企业生产车间

实施“百千万工程”，广东突出发展一批区位优势较好、经济实力较强、未来潜力较大的中心镇，有条件的打造成为县域副中心、发展成为小城市，增强对周边的辐射带动力和县域发展的支撑力。

大沥作为经济大镇，一直以来有着强大的产业底蕴。2023年，大沥GDP超600亿元，限上批发零售营业额排名佛山全市第一，规上工业总产值位居南海全区前列，限上住宿营业额增长35%，限上餐饮营业额增长32%。同时，兴海、正圣上榜中国民营企业500强，7家企业上榜广东企业500强，数量全市最多。

当前，世界经济增长动能不足，地区热点问题频发，外部环境的复杂性、严峻性、不确定性上升。在这样的环境下，信心比黄金更宝贵，预期就是最好的刺激手段。近年来大沥取得的发展成绩，离不开党员干部、人民群众、各路投资者等社会各界对大沥经济发展前景的信心。

在镇域唱响“经济光明论”，以宣传工作提振信心、助力产业经济发展，大沥是怎么做的?

一、提升“颗粒度”

“颗粒度”最初是胶片成像术语，指感光底片经曝光洗印以后，形成影像的银粒粗细程度。

在互联网时代，“颗粒度”一词被广泛应用到社会生活多个领域。“颗粒度”越粗，表明对一个事物的认知和处理方式越笼统；“颗粒度”越细，则意味着更详尽、更具体。提升经济宣传的“颗粒度”，就是要深化、细化对经济现象和政策的认知。

这就要求把经济宣传建立在大兴调查研究的基础上。调查研究是做好各项工作的基本功，不仅是一种工作方法，而且是关系事业得失成败的大问题。

大沥是“中国铝材第一镇”“中国有色金属名镇”“中国内衣名镇”，有着“做生意，来大沥”“做电商，来大沥”等美誉。这些区域品牌和美誉的形成，都不是靠简单喊口号、贴标签就能支撑的，而是要依靠一个个在大沥经济高质量发展浪潮中作出贡献的个体、企业、园区、组织。

要凝聚大沥经济高质量发展的信心，要让产业名片、经济品牌更实在、更具吸引力，就必须在宣传中助力媒体大兴调查研究，不断走进基层，走进经济发展的第一线，提升宣传的“颗粒度”，才能更好在镇域唱响“经济光明论”。

如在2022年，大沥镇组织媒体深入企业、车间一线，详细了解企业发展中的难点、堵点，进一步推动政策精准直达企业，提振企业发展信心。在深入一线调研的同时，推出“聚沥量促发展”“服务增效　宣传聚沥”系列宣传，对每个调研点的发展情况、经验进行宣传。

2023年，大沥进一步大兴调查研究。当年2月，“中心大沥”战略发布，“沥商雄风行动”是战略实施的十二大行动之一。通过行动，大沥将推动沥商回家，帮助其打造总部基地、提供发展空间和创新支持，让企业留在大沥这片沃土。大沥联合媒体启动了“沥商传奇——南海大沥企业家精神调研”，对各个领域、各个年龄段的代表性沥商进行一次系统盘点，对有突出代表性的沥商进行实地走访。

同年，大沥还联合媒体启动了“大沥直播电商产业高质量发展调研”。该调研的背景是，大沥拥有电商类企业超2万家，电商从业人数近13万人，形成镇内“一区两园多点”的产业格局，并成为南海电商“1+N”产业布局的核心。2024年，大沥还策划了“产业新沥量”系列宣传，对近年来新兴的行业、企业进行调研和全方位报道。

大沥在稻田里举办“湾区时尚之夜”超模时尚秀

2023年8月18日，第二届“818”产业带直播节在大沥开幕

长期持续的系列调研、系列宣传，聚焦大沥经济高质量发展的方方面面，因此取得了较好的凝聚人心、塑造形象效果。

二、突出“饱和度”

无论任何领域、任何题材，一个有“饱和度”的好故事总能在第一时间抓住读者、观众。这是做好经济高质量发展宣传工作特别需要注意的一点。

为什么这么说？经济话题虽然关联非常广泛，影响着每个老百姓的每一天的工作、生活，但是很多情况下是非常枯燥的。

讨论一个地方的GDP是多少、工业产值增加了多少，某个地方又有什么项目动工、今年某个产业链又完善了多少，这些都非常重要，但是不一定能够引起广大群众的兴趣。对于经济宣传来说，这就会导致最终目标难以实现。而在镇域，这样的信息本身就非常琐碎、缺乏宏大叙事的条件，需要进行更精心的挖掘，提升宣传的“饱和度”。

例如在招商领域，大沥2023年共引入超千万元项目34个，计划总投资220亿元。其中超10亿元产业项目4个、超亿元产业项目12个，已动工建设项目16个。遥望科技、裕田未来科技城、大消费产业园、内衣数字化生产总部基地实现“拿地即开工”。尤其值得一提的是，“沥商雄风”行动深入实施，成功招引豪美、华鼎、裕田霸力等6家沥商“回家”投资。但是如果只宣传这些，群众并不能很真切地理解大沥的变化，也不一定能很好地提振社会信心。

因此，要在镇域做好经济宣传，讲好区域高质量发展的案例，让各界受众更加认同大沥已经形成和正在打造的产业品牌，那么就必须

2024年4月19日，大沥头部电商主播周珍成功挑战“在一场直播活动中销售最多的精华和润肤产品”吉尼斯世界纪录

大沥是南海区“1+N”电商产业布局中的“1”

认真讲好故事。

从“历史基因”看，大沥在经济发展上有许多历史底蕴值得挖掘，如“省佛通衢”。据史书记载，省佛通衢东起广州秀水圩，经过亨漖村到广济桥，再经三眼桥，行经今天的盐步医院，再穿过盐步直街，经过霍边村等村庄，最后拐入禅城就能到达佛山古镇。

改革开放以来尤其是近年来，大沥的故事更是数不胜数。例如改革开放初期，大沥民营企业在进入铝型材市场时，如何使用低成本的压塑机代替挤压机？又如如今的快手美妆头部主播“周周珍可爱”，如何在来到大沥后，一步步转型成长，最终成为全网顶流之一？

大沥故事，是珠三角经济发展故事的一个典型。一个个故事都非常有价值，也非常有吸引力，需要及时挖掘出来。

2023年9月20日，裕田未来科技城启动仪式暨项目推介会

大沥镇展开的系列调研，正是从故事角度入手，传播大沥的产业高质量发展品牌。从这个意义上讲，做好经济宣传、在镇域唱响“经济光明论”，是大沥的必然需要。

实践案例

镇域直播电商产业，怎样突围？

◎策划思路

建设数字中国是数字时代推进中国式现代化的重要引擎。2023年，《数字中国建设整体布局规划》进一步明确要做强做优做大数字经济。

产业的发展需要一个样板，模式的先行需要一个标杆。佛山作为经济体量超万亿的制造业大市，较早进入电商领域，持续入选全国十大直播电商之城。在南海区“1+N”电商产业布局中，“1”是以大沥镇依托“一区两园多点”为核心打造的南海综合电商产业中心，创新发展电商新模式、新业态，打造电商综合产业中心的信息中心、人才培训、商务运营、品牌打造、行政服务、样板输出等基础功能，充分发挥核心区龙头带动作用。

大沥作为传统的商流型经济重镇、“佛山最会做生意的镇街”，率先抢占了直播电商风口。经过几年的引导、推动，大沥电商有2万市场主体、13万从业人员，集聚了遥望、嘉星等行业头部机构资源。在佛山直播电商界，大沥稳居镇域第一梯队，有实力、有潜力担当直播电商产业镇域标杆。

2023年3月8日，大沥提出，按照南海区电商布局规划引领，积极探索“直播电商+本地供应链”合作模式，推动本地产业链对接，全面打造优良的电商发展生态，全力支持优质直播电商企业扎根本土，大力招引龙头直播电商企业进驻，引进培育优质电商人才，奋力打造“大湾区直播电商第一镇”。

发展大沥直播电商，打造“大湾区直播电商第一镇”品牌形象，也是践行“中心大沥”战略的重要抓手。如何做好相关宣传，更好乘势打造品牌？

第一，大沥直播电商虽然已经发展到了较高水平，但是长期以来宣传不够多、不成体系，使得其作为区域产业集群的影响力鲜为人知。所以，要提出准确的口号，明确打造品牌的目标。尤其是在各地都在加快打造直播电商这一产业的情况下，要尽快打出大沥的招牌，让大沥这个名字与直播电商紧紧联系在一起，抢占影响力的制高点。

第二，借力电商头部企业的营销活动，做好大沥本土产业的宣传。如在2022年6月25日，快手直播平台头部主播“周周珍可爱”（周珍）举行生日直播会，直播会场旁，大沥好产品直播推介会也同步举行。电商赋能商贸转型，让大沥迎来一波新热潮。针对该活动，大沥组织了大规模直播，并组织媒体连续推出数十条关于电商的深度报道和评论，这是大沥官方首次聚焦直播，打出品牌。

2024年4月19日，经过精心策划，周珍成功挑战“在一场直播活动中销售最多的精华和润肤产品”吉尼斯世界纪录。在该活动中，大沥开展了系列报道，打响“世界销量王”的品牌。

第三，自主策划重磅活动、节日。2022年，大沥组织策划了“818”直播电商节。到2023年，活动正式升格为南海全区层面的电商盛会。这不仅是大沥的一件大事，也是南海直播电商产业发展的标志性事件。

第四，与主流媒体合作推出深度调研。针对产业发展、打造标杆的切实需求，大沥镇联手南方日报、南方+客户端启动南海大沥直播电商高质量发展调研行动。这场调研持续时间近一年，通过重点企业调研、深度解读、深度评论、行业发展报告、视频访谈等方式，持续宣传、输出大沥直播电商品牌、故事、动向，吸引各界广泛关注，提振了区域经济发展信心，在镇域成功唱响了“经济光明论”。

◎媒体报道（摘要）

1. 南方日报：《"会面"周周珍可爱：千万网红如何炼成？》

2019年，周珍刚从淘宝模特转型为电商主播不久，决定"单枪匹马"从杭州南下，来到广佛交界的金沙洲。几年过去，周珍已经是国内美妆领域的头部主播，还创立了广东嘉星投资集团有限公司，团队从4个人扩张到200多人，旗下主播达人全网粉丝量超1亿。

2. 南方日报：《掘金直播电商，谁在广佛交界卖"铲子"？》

当所有人都涌向一座金矿，掘金就不再是唯一赚钱的行当。在金矿周边，一定会出现越来越多卖"铲子"的人。

在直播电商行业，中视智媒（广东）文化发展有限公司（以下简称"中视智媒"）创始人千道就是这样一个卖"铲子"的人。1993年出生的千道本名邹鹏程，也名道哥，从金融行业起家，五年前进入直播电商行业。2022年，邹鹏程来到南海大沥，将企业总部落在金沙洲电商直播基地。

除了做少量自营直播业务外，中视智媒还主营直播人才输送、直播基地打造等直播电商行业的“铲子”，为做直播的“掘金人”赋能。如今，其旗下的签约电商主播超过3000人，在全国拥有超过100家服务商，在全国参与运营的直播电商基地达到12个、总面积超过100万平方米，年营收过亿元，位居国内直播电商服务业的头部。

“直播电商已经不再是一个遍地黄金的风口，而是一个需要专业化精细化运营服务的行业。”千道说。

3. 南方日报：《“触电”的内衣》

在直播电商驱动产业变革的新浪潮下，内衣行业发生着怎样的变化？

作为中国内衣产业高地，佛山南海大沥素有“中国内衣名镇”“中国时尚品牌内衣之都”之称，拥有内衣企业及关联企业800多家、产业工人超5万人。随着直播电商的兴起，大沥提出打造“大湾区直播电商第一镇”，内衣这张名片也在加快变革。

在大沥，有的内衣龙头企业打造了直播电商云仓，面向全行业开放；有的新兴品牌企业将商业模式不断迭代，不断推出平台排名前列的爆款单品。去年南海区发展电子商务专项资金（第一批）扶持对象中，两家内衣企业就均来自大沥。如今，大沥内衣企业的直播电商打法继续升级。

如果说过去大沥是中国内衣产业的引领者之一，那么在直播电商时代，大沥一家家内衣企业的探索，也显示出产业最前沿的新动向。

4. 南方日报：《直播电商"五百亿协会"，怎样炼成？》

"直播电商里，最难解决的是'人'的问题，我们的'数字人'就是要解决这个问题。"2023年7月下旬，在位于佛山大沥南国小商品城的南海家选品基地，基地负责人余冠武正忙着筹划最新的虚拟主播业务。

余冠武是一名电商"老兵"。2003年，还在北京的他就已经进入电商行业，赚到了人生的"第一桶金"。2018年，余冠武来到大沥，成为天猫佛山服务站和淘宝大学佛山培训基地的负责人。2020年，他又引入天猫资源，与南海区经促局联手打造了"南海家·生活"专场，并将邓亚萍、汪涵、叶璇等名人请到直播间。

如今，大沥正在建设大湾区直播电商第一镇。作为产业集群的重要一员，南海家平台不仅开展直播带货、主播培训等，而且还打造了直播选品基地，吸引相关企业进驻。南海家平台投资上千万元开发的直播基地管理系统、店铺风控大数据系统等，也在对外推广赋能。最近，南海区大沥直播电商协会成立，南海家成为秘书长单位。

在余冠武看来，直播电商的风口还会持续相当长一段时间，南海家平台将大有可为。他也期待，推动大沥直播电商协会从"百亿协会"迈向"五百亿协会"。

5. 南方日报：《万木时评｜直播电商正在重塑大沥的江湖地位》

南海大沥，一个珠三角响当当的经济重镇，正以直播电商建立新的江湖地位。

2023年8月18日，第二届“818”产业带直播节在大沥开幕。去年还是大沥镇级打造的“818”，正式升格为南海全区层面的电商盛会，以及“88佛山盛夏乐购狂欢节”系列活动之一。“网红之城　中心大沥”的产业与城市进阶，从中可见一斑。这不仅是大沥的一件大事，也是南海乃至佛山直播电商产业发展、制造业转型升级的标志性事件。

为什么大沥电商，尤其是直播电商如此重要？

以大沥为核心的直播电商，是南海制造业变革的关键力量。南海是佛山制造业的顶梁柱之一，也是全国乃至全球有影响力的制造业强区。目前南海有制造业生产企业4.72万户，14个产值超200亿元的产业集群，2022年实现工业总产值9343.97亿元。但是，传统产业转型、新兴产业培育有待加快等问题一直困扰着南海。如何破局？商品流通端是重要的突破口。

大沥直播电商走在前列，有其历史和现实的必然性。从明清的“广佛通衢”到如今的“广佛黄金走廊”，大沥一直是商流、物流、资金流、信息流高度活跃的地方。大沥拥有46个各类专业市场，年交易额超过8000亿元，产品辐射100多个国家和地区。同时，大沥还有铝型材、内衣等特色产业，均在全国占有着重要地位。

大沥电商的影响力不仅仅在自身和南海。在佛山的直播电商产业上，大沥发挥着镇域排头兵的作用。直播电商已经成为佛山重点关注的领域之一。7月初，佛山市委十三届六次全会提出“再造一个新佛山”，着力在推进制造业当家上干出业绩、闯出新路，其中要积极推进“新媒体+产业”融合发展，大力发展直播电商经济，拓宽商品销售渠道，让佛山制造更好卖出去、卖个好价钱。

6. 南方日报：《南方视评｜为大湾区带货，是大沥的新使命》

如果你喜欢上网看直播购物，你应该关注南海大沥，因为你喜欢的主播可能就在大沥；如果你从事直播行业，就更应该关注大沥，因为大沥值得你投奔。

直播电商，非常“凶猛”。有统计显示，2022年全国直播电商交易规模达到了35000亿元。这两年，大沥抢占直播电商风口，已经集聚了电商类企业超2万家，电商从业人数近13万人。

2023年，大沥还明确提出了打造大湾区直播电商第一镇的目标，出台了新政策，吸引了新项目。同年2月，广佛最大的直播电商智能交付中心就落户大沥。

大沥为什么适合做直播电商？因为这里地处广佛交界，坐拥几十个专业市场，又背靠大湾区制造业。这两年，大沥还加快发展现代物流。从交通区位、人力资源到产业链条，都是为直播电商“量身定制”。相比很多只有“主播”、但没有货源的地方，大沥的优势实在太强了。

一方面，大沥要连接南海制造、佛山制造，帮助本土企业把东西卖出去；另一方面，大沥也在为大湾区带货、为全中国的产品带货。

在这个过程中，直播电商不仅可以拓宽制造业的销售渠道，还能直接反映消费者的需要，倒逼企业在研发、价格、产能等方面更贴近市场，这也是大沥支撑制造业当家的独特方式。

7.“南海大沥”公众号：《最新！“吉尼斯世界纪录”，在大沥诞生！》

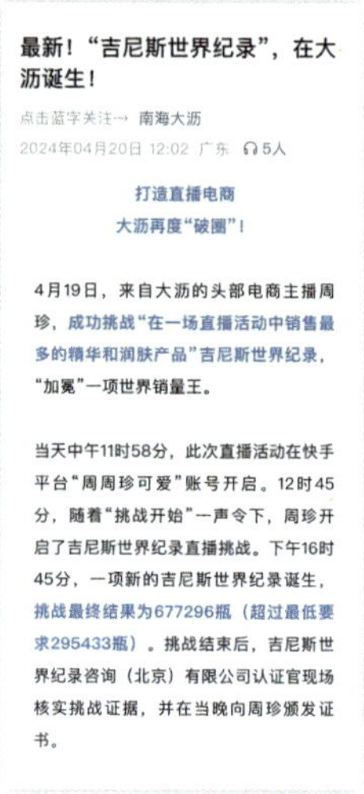
最新！“吉尼斯世界纪录”，在大沥诞生！

点击蓝字关注→ 南海大沥

2024年04月20日 12:02 广东 5人

打造直播电商
大沥再度“破圈”！

4月19日，来自大沥的头部电商主播周珍，成功挑战“在一场直播活动中销售最多的精华和润肤产品”吉尼斯世界纪录，“加冕”一项世界销量王。

当天中午11时58分，此次直播活动在快手平台“周周珍可爱”账号开启。12时45分，随着“挑战开始”一声令下，周珍开启了吉尼斯世界纪录直播挑战。下午16时45分，一项新的吉尼斯世界纪录诞生，挑战最终结果为677296瓶（超过最低要求295433瓶）。挑战结束后，吉尼斯世界纪录咨询（北京）有限公司认证官现场核实挑战证据，并在当晚向周珍颁发证书。

打造直播电商，大沥再度“破圈”！

2024年4月19日，来自大沥的头部电商主播周珍，成功挑战“在一场直播活动中销售最多的精华和润肤产品”吉尼斯世界纪录，“加冕”一项世界销量王。

当天中午11时58分，此次直播活动在快手平台“周周珍可爱”账号开启。12时45分，随着“挑战开始”一声令下，周珍开启了吉尼斯世界纪录直播挑战。16时45分，一项新的吉尼斯世界纪录诞生，挑战最终结果为677296瓶（超过最低要求295433瓶）。挑战结束后，吉尼斯世界纪录咨询（北京）有限公司认证官现场核实挑战证据，并在当晚向周珍颁发证书。

8.“南海发布”公众号：《5000万粉丝头部主播免费授课！南海电商公益课堂开启→》

5000万粉丝头部主播免费授课！南海电商公益课堂开启→

南海发布 2023年08月30日 12:47 广东

听全文

南海发布

权威、及时、有料。140万南海人都在看的公众号，点击上方蓝字关注及设置星标。

一名普通“刷颜主播”
靠什么成为5000万粉丝顶流？
南海头部网红团队
免费手把手教你做电商！

近年来，随着行业规模迅速扩张，直播电商已然进入“赛道拐点”，正在向常态化、精细化运营模式转变，并吸引了大量的关

南海发布 129 16 121 写留言

一名普通“刷颜主播”，靠什么成为5000万粉丝的顶流？南海头部网红团队免费手把手教你做电商！

近年来，随着行业规模迅速扩张，直播电商已然进入“赛道拐点”，正在向常态化、精细化运营模式转变，并吸引了大量的关注和商业机会。

亲历者说

大沥镇经济发展办公室主任　朱少姬：

电商离不开流量，宣传带来流量

近几年在打造直播电商品牌的过程中，大沥镇开展了大量工作，包括推动成立南海首个直播电商协会，集聚本土电商企业；举办"818"等各类电商产业活动，营造行业活跃氛围；探寻"电商+"赋能各行业的新模式，推动传统制造业企业"触电"；了解电商企业发展需求，配合上级部门出台、执行电商扶持政策等。

电商产业的发展离不开流量。为了做好相关工作成效的宣传，我们与镇宣文办、主流媒体进行深度合作，推出电商专题宣传，集聚宣传资源为大沥电商品牌制造声量。如，联合媒体开设专栏，探访具有代表性的本地电商企业、深度采访电商行业知名人士、邀约资深评论员进行深度评论。结合"818"直播电商节，推出组合传播，将大沥电商向外推广，吸引更多电商企业、从业者关注大沥电商，到大沥投资、创业、工作，形成良性循环。

媒体传播为大沥电商产业带来流量，吸引了电商企业、电商从业者对大沥的关注，来寻找投资、合作、工作的机会，为大沥电商产业注入源源不断的信息、资金、人才等资源。同时，更大的关注度和更丰富的资源若能跟本地进行有效结合，将促成更多优质项目落地，助力壮大大沥电商产业的体量；更大的产业体量有助于大沥电商产业在行业内获得更大的影响力和话语权，助力大沥电商企业的发展。

在此背景下，选择来大沥的电商企业得到长足发展，行内人士的口口相传也将更加充实大沥电商产业的品牌，支撑大沥电商产业更加“出圈”，形成一个流量闭环。

第四章 服务企业，有何妙招？

金沙洲电商直播基地

企业是市场经济的细胞。企业向稳向好，一个地区的经济发展就能平稳前行。做好企业服务，是各级党委、政府的一项重要工作。

《中共中央　国务院关于促进民营经济发展壮大的意见》要求，全面构建亲清政商关系，主动作为、靠前服务，依法依规为民营企业和民营企业家解难题、办实事。

作为国内经济活力最强的区域之一，广东一直高度重视企业培育，市场化、法治化、国际化程度高，大力营造企业发展的良好环境，助力企业做大做强。

在广东，众多像大沥一样的经济强镇，不仅是广东经济的微观单元，同时也是党委政府服务企业的第一线。

在大沥的发展实践中，做好企业服务，不仅需要开展常规的经济工作，也需要宣传的强力支撑。

一、流量赋能

绝大多数企业特别是民营企业的成长壮大，越来越离不开一个词：流量。无论是在移动互联网诞生前、还是诞生后，都是如此。

一个企业需要流量，一个产业也需要流量。针对镇一级的产业发展，广东省社科院经济学研究员丁力认为，“镇域经济的发展要有想象力。必须有一个流量经济的概念，去谋划我们产业的发展。”

为企业、为产业赢得流量，正是服务企业的主要发力点。

大沥从官方到民间，都对流量有着高度敏感。在传统商贸时代，大沥一直是商流、物流和信息流高度活跃的地方，近年来形成了“北有义乌、南有大沥”的口碑。大沥共有46个专业市场，商铺总数超2.51万间，从业人员超10万人，据不完全统计年交易额约8000亿元。全国各地的商贸从业者来到大沥经商，就是为了借助大沥的流量进行发展。

进入互联网经济时代，随着大沥加快发展直播电商，产业链上下游的企业对流量的需求更加强烈。早在2013年前后，大沥就逐渐出现电商行业的培训、大赛等。到2023年，大沥已经集聚了2万家电商企业、13万名从业人员。而且他们大多是自发来到大沥、扎根大沥。

2023年初，大沥进一步提出打造“中心大沥”，建设直播电商全产业链生态。在此基础上，大沥进一步提出要将“流量”变

“大沥点评”栏目海报

“留量”。

在激烈的产业竞争中，流量就是客户，就是市场。“南海大沥”微信公众号粉丝超过100万，年阅读量超2500万。有业界人士估计，如果按直播电商私域粉丝计算，“南海大沥”公众号估值超3亿元。

这样强大的流量，可以宣传区域发展、企业发展成绩，也可以直接为企业发展赋能。在这个过程中，大沥化虚为实找准产业宣传载体及落脚点，塑造产业品牌。

例如广佛智城市集，是佛山最大的东南亚风夜市。2023年7月9日，“南海大沥”官方平台发布关于其夜市的推文，一天之内流量就超过4万。

大沥还以“头部主播+官方平台推介”的形式，用贴心服务助力大沥本土培育的直播电商企业嘉星传媒开展相关活动，并以此为契机彰显大沥发展新电商的决心和力度，在“助力+借力”双赢中引起了社会的强烈反响和热切关注。

“南海大沥”公众号还通过短视频等形式，对城市和产业进行融合宣传，打造直播电商的闪亮品牌，吸引优秀电商人才，同时为盐步内衣、全铝家居和预制菜等大沥好产品带货，赋能城市新业态，塑造城市新品牌。

针对助力消费零售企业的需求，“南海大沥”公众号专门打造了针对镇域消费的“大沥点评”栏目。作为大沥镇以“互联网+民生服务”理念打造的微信平台，“大沥点评”综合涵盖了出行、游玩等居民生活的方方面面。

这样做一方面方便了群众消费，另一方面推介了商家，为企业带来流量。该栏目面向镇内的商家、店铺开放，邀请其进行展

“服务增效　宣传聚沥”大沥镇宣传文化系统“送服务　促增长”系列调研

示。同时，还开放征集通道，市民可以投票和进行投稿推荐。活动实时更新排行榜单，还会颁发经过官方平台认证的星级IP牌匾。

同时，宣传部门安排专人，长期关注镇内企业信息，搜集镇内各类产业动态、企业故事、创业案例，向各个主流媒体、头部正能量自媒体积极提供线索、组织采访。

二、紧密互动

一家企业在经营发展过程中，会遇到许多方面的问题。打造一流营商环境，政府就要为企业排忧解难。

佛山市第十三次党代会明确提出，务必成为营商环境制度改革领头羊，建立完善的佛山“益晒你”企业服务体系。大沥镇反复强调，一定要千方百计服务好企业。

如何以宣传助力营商环境的建设？通过建立商圈企业“一对一”宣传服务沟通群、开发“大沥点评”企业服务特色平台、开展“服务增效 宣传聚沥”系列调研等，大沥进一步与企业加深互动。

位于大沥镇的海昌沅公司的预制菜，为了保证汤品的原汁原味，其汤品生产过程的把控条件极其苛刻，椰子炖土鸡预制汤是公司的畅销产品，让人回味无穷。但是，产品销路却一直有局限。

为了宣传大沥预制菜，“南海大沥”公众号在2022年七夕推出的首部产业宣传微电影《遇见你，刚刚好》，重点以海昌沅为背景，助力企业品牌一炮打响。海昌沅负责人表示，2022年其公司产品订单额仅几千万元，2023年前两个月就已经实现订单额过亿元。该负责人还提出，愿意赞助价值100万元的汤品与“南海大沥”互动、回馈粉丝，一起继续做大做强。

2023年8月，大沥盐步内衣产业的代表性企业美思集团举行了

“网红之城　中心大沥”2023灯湖中轴音乐季（第七场）年代金曲夜

“时尚与传承”——美思之夜文化活动。在此之前，以“服务增效　宣传聚沥”为主题的大沥镇宣传文化系统“送服务　促增长”系列调研专门走进美思开展了调研。从美思之夜活动的命名到宣传组织，调研组都给出了建议。“近几年大沥的企业宣传做得非常好，我们也希望能够搭上政府的宣传快车。”美思集团创始人吴艳芬说。

在企业发展遇到难题时，大沥不仅为企业的宣传推广出谋划策，也直接为企业发展办活动。2023年、2024年连续举办的灯湖中轴房博会、“换新乐购”消费节等活动，集结大沥多个实力品牌房企，展出多个优质楼盘，优势项目、优质房源、优惠信息一网全通，为群众提供一站式看房、选房、购房的便民服务。

很多地方与企业保持日常密切联系的往往是经济职能部门，但在大沥，宣传部门与企业建立了广泛紧密的沟通机制。为了做好沟通服务，大沥宣传部门建立了服务企业的微信群，为相关企业解决具体诉求、具体问题，建立长期、紧密的互动关系。

微电影《遇见你，刚刚好》海报

仅用时一年多，就建立了综合服务群、重点行业群、点对点企业群等系列服务群。其中，综合性的企业服务群入群企业超过100家，基本囊括了镇内重点企业，并联合了相关部门、商会。重点行业群涉及消费零售行业、游艺行业、印刷行业、健体行业、文旅行业等。点对点的企业服务微信群已经超40个，涉及制造业、商贸业、电商业等行业的龙头企业、市场、商圈等主体，促进了消费增长。此外，大沥还拍摄了“霸道总裁”版餐饮消费开票抽奖活动短片。

“霸道总裁”短片海报

实践案例

送服务、促增长，可以怎样做？

◎策划思路

2022年，大沥宣传部门累计组织宣传商家、企业超150家次，传播量达数百万。为了进一步做好企业服务工作，从2023年7月起，大沥宣传部门启动了“服务增效 宣传聚沥”系列调研。

“凡是辖区企业、商家，有宣传文化推广、品牌形象提升、主题活动策划的需求，都可以找大沥宣传文化部门。”大沥镇相关负责人表示。

调研首站走进广佛智城商圈。“从引进到落地只花了一个月时间，然后迅速火爆，证明大沥真的是一个福地。”广佛智城集团有限公司董事长黄河说，其团队在引进夜市项目时，也没有想到会有很大的流量。2023年7月9日，“南海大沥”官方平台发布关于其夜市的首条推文，一天之内流量就超过4万。黄河说，“希望把它打造为全广东最旺的夜市。”

通过调研及配套的宣传，大沥宣传部门进一步与企业、市民加深互动，从而营造广泛宣传大沥商圈、厂企和大沥好产品的良好氛围，从而实现群众受益、企业受惠、平台增粉、城市更有活力的“多向奔赴”。如在本书前一节提到的灯湖中轴系列宣传，同样也是如此。

“服务、服务再服务，贴近、贴近再贴近。”关于该系列调研，复旦大学新闻学院教授、全球传播全媒体研究院副院长张志安专门发了一条朋友圈。在他看来，最基层的政务新媒体，只有把贴近和服务做到极致，才能持续深耕价值。

这正是大沥宣传服务企业的缩影。

◎**媒体报道（摘要）**

1. 南方日报：《宣传服务进企业，大沥做对了什么？》

近期，大沥镇宣传文化系统连续开展多场调研，来到制造企业、商圈等地深入了解需求、提供服务。这是“南海大沥”粉丝量远超当地常住人口的百万后，大沥镇以宣传文化服务优化营商环境、促进基层治理的又一举措。

大沥为何要这样做？

一个普通的中午，位于大沥的南海新都会购物中心熙熙攘攘，这里是大沥建设最早、最为繁华的现代化商圈之一。

面对前来“送服务 促增长”的大沥镇宣传系统相关负责人和相关媒体，中盈集团商业副总经理兼新都会总经理陈浩明感到振奋，购物中心的客流量早已超过疫情前的水平，节假日的人流量可以达到约六七万。“目前中盈集团所有的商业综合体都建在大沥，除了企业创始人的家乡情怀之外，更因为这里有着优质的营商环境。”他说。

当前，大沥正在全力建设“中心大沥”，并打造“网红之城”城市品牌，宣传工作在其中起着重要的作用。大沥镇通过策划“聚沥量 促发展”“服务增效 宣传聚沥”“大沥点评”等栏目，建立商圈企业“一对一”宣传服务沟通群等方式，进一步与企业、市民加深互动，从而营造广泛宣传大沥商圈、厂企和大沥好产品的良好氛围，以实现群众受益、企业受惠、城市向好的“多向奔赴”。

2. 珠江时报：《查实情开良方　助商圈快速"出圈"》

大沥开展"送服务 促增长"系列调研，首站走进广佛智城商圈
查实情开良方 助商圈快速"出圈"

2023年7月10日，"服务增效　宣传聚沥"大沥镇宣传文化系统"送服务　促增长"系列调研首站，走进广佛智城商圈，调研组现场收集解决问题，助企业提升品牌影响力。

"目前商圈开展什么活动？在开展宣传工作和文化活动方面有什么需求？"当天，调研组与商圈运营管理方，就潮玩项目引进、夜经济打造、文旅品牌建设等方面进行座谈。

广佛智城商圈位于大沥电商产业园核心区，也是广佛两地首个率先打造"中国电商体验之都"的产业综合体。对于不少电商企业来说，这里是发展电商的"沃土"。

广佛智城运营中心总经理吴迪介绍，广佛智城已成功吸引1000多家"互联网+"及各类型科技企业进驻。其中400多家是电商企业，涵盖直播电商、跨境电商、平台型电商、服务型电商、传统电商等类型。

该商圈运营管理方针对电商产业的特性，逐步打造"半开放式"的办公空间，让电商企业员工有更多"充电"和放松的地方。其中，为完善商圈业态，目前商圈内已引入不少特色茶饮、夜宵、酒吧等"夜经济"产业。2022年6月，该商圈被评为佛山市级示范步行街（商圈）。

美学的融入，是让该商圈成为"网红"的另一做法。从2022年开始，该商圈已先后建设南海星空PARK、智城少儿文体公园等大沥"名企百园"。前者是一个拥有3000平方米的"天台露营"

区域，目前已成为商圈潮流社交新地标，更是南海“名企百园”优秀项目之一。

2023年1月以来，该商圈开展醒狮活动、超级中轴·大沥新春欢乐市集、中心广场创意市集等活动，并推动各类活动常态化开展，如每逢周五、周六晚都举办中心广场创意市集，让商圈持续“吸粉”。“我们还于6月22日起启动了星州市集，目前已有近200个摊位。”广佛智城策划推广部副总监卓思芪介绍，该市集以东南亚夜市为主题，已成为商圈的新名片，“我们每晚都会开市，从开市至今，市集的日人流量平均超5000人次。”

3. 珠江时报：《一家内衣企业，为何要打造行业共享平台？》

大沥观察/经济 A05

一家内衣企业，为何要打造行业共享平台？

“美思集团云仓”助力盐步内衣行业转型升级

大沥盐步，古时为盐埠，是广府食盐的集散地，后来成为南海的工商业繁华之地。1978年与“香港胸围大王”罗杰伦相遇后，盐步便与内衣产业结下了深厚的缘分，成为中国现代内衣工业的发祥地之一。

如今，盐步内衣产业集群已经成为全国中高档品牌最集中的内衣产业集群，大沥也因此被评为“中国内衣名镇”“中国时尚品牌内衣之都”。在中国内衣15个消费主导品牌中，盐步的内衣品牌就占了7个。

美思便是其中一个佼佼者。广东美思内衣有限公司创办于1988年，作为盐步内衣产业集群的一个典型代表，旗下拥有美思、诗婷、美思薇薇、魔挺、ABCD等多个自主内衣品牌，是国内内衣行业中唯一一家同时获得CQC中国环保产品认证、CNAS国家实验室认证的内衣企业。近年来，美思内衣坚持加快智能化步伐，并将内衣延伸到大健康产业，以对研发的不懈追求应对市场的千变万化。

近日，“服务增效　宣传聚沥”大沥镇宣传文化系统“送服务促增长”系列调研走进广东美思内衣有限公司，现场收集解决问题，助力企业提升品牌影响力。当调研组走进位于美思汇总部大楼的云仓时，看到50多名工人有序地忙碌着。

虽然已是一家有着35年历史的内衣老品牌，但是近年在新经济趋势下，美思内衣也面临着转型的压力。这样的压力一方面来自疫情后消费者进行了消费降级、部分中小内衣企业关停等问题，一方面也源于消费模式、商业模式的急速变革。于是，美思内衣在2021年6月开始“触电”，在抖音平台注册了直播账号，也成为盐步内衣行业中最早开始“触电”的内衣企业之一。公司还组建了一支强大的主播团队，陆续抢滩抖音、淘宝等多个平台。

4. 珠江时报：《产城文跨界营销　网红大沥使出真功夫》

2023年以来，大沥镇宣传文化系统主动走进企业，开展“服务增效　宣传聚沥”系列调研，助力企业进一步提升品牌影响力。策划推出“网红之城中心大沥”2023灯湖中轴音乐季活动，以“文化+”赋能产业发展，正是大沥做实企业服务的一个重要落脚点。

无论是从营商环境、城市配套，还

是到精神层面，大沥都在努力“破圈”，有开放、有汇聚、有融合。在潮流的音乐节中，融入乡土的质朴魅力，浓缩当地的独特风韵，大沥找准了属于自己的“城市+产业+文化+时尚”特色之路。在这样的全方位努力下，相信“中心大沥”能以更新潮、更网红的势头，吸引更多人奔赴而至，投资未来。

5.“南海大沥”公众号：《999包，免费送！3分钟，喝上大沥网红靓汤！》

汤

在广东人的餐桌上

占据了不可替代的地位

会生活的广东人

万物皆可煲汤

用汤汤水水煲出了许多花样

海昌沅汤品

汤可以当成食补

可以用来解馋

或者根本不需要任何理由

煲汤只是习惯而已

一碗汤，可以治愈一切

然而不知从什么时候开始

生活步履匆匆

喝上一碗悉心选材、老火慢炖的广东靓汤

似乎成了一种生活的奢侈

在这样的背景下，海昌沅预制汤品应运而生。位于大沥镇的广东海昌沅国通食材有限公司（以下简称“海昌沅”）从“汤”

入手、用“汤”说话，让消费者只需要3分钟，就能喝上一碗健康、美味、安全的正宗粤式滋补靓汤。

不添加任何防腐剂、又能在常温下保存12个月、打开包装加热即可食用……在消费者的认知里，这样的汤，似乎和新鲜现炖数小时的老火靓汤完全不具可比性。但消费者只需尝上一口，方知何为颠覆。

6.“南海大沥”公众号：《是什么，让全国媒体为大沥打call？》

2天时间

让全国媒体认识大沥！

爱上这座“出奇迹”的小镇！

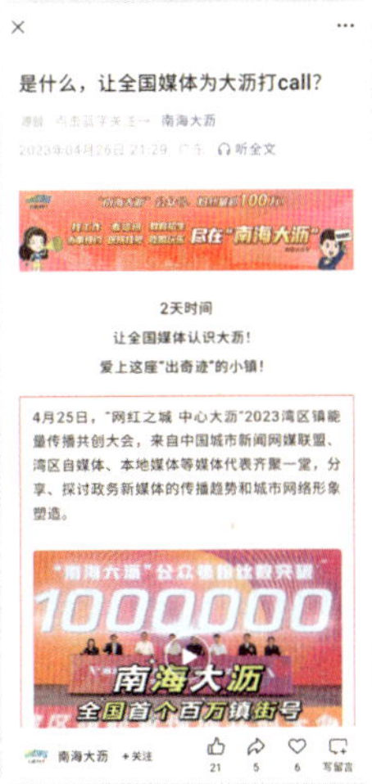

作为佛山的产业重镇之一，南海大沥有着“中国铝材第一镇”“中国有色金属名镇”“中国内衣名镇”“中国商贸名镇”四个闪闪发光的“金饭碗”，全国网盟媒体代表们相继走进广东美思内衣集团、全铝家居展厅参观，感受大沥的优势传统产业，及其紧追时代发展趋势的转型升级成果。

江苏龙虎网总编辑助理唐乐表示，第一次来到佛山大沥，能够走进内衣企业参观是非常新奇的体验，智能云仓里的员工不多，体现出较高的智能化程度，质量检测团队也非常专业。作为中国知名内衣品牌之一，美思陆续研发了许多与大健康产业相关的产品，实现为产品赋能。

7.“南海大沥”公众号：《超燃！夜经济+交响乐快闪来袭！城市慢直播同步启用！》

2022年9月2日，广佛都市音乐节启动暨南海星空PARK开园仪式在南海城市中轴线核心广佛智城举行，延续8·18大沥电商节热潮，升温点亮缤纷夜生活。

作为佛山市重点打造的高品质夜间经济聚集区之一，广佛智城规划出3000㎡空间，结合全真草坪绿植、霓虹灯饰、露营设备，打造广佛潮流社交新地标——南海星空PARK。这里也是大沥镇“名企百园”专项行动中的典型示范项目之一。

走进南海星空PARK，入眼即是大型的霓虹灯饰，夜间氛围拉满，且这里分区域设置了网红打卡点、草地露营区、游客休闲区和星光集市，潮流元素齐聚，吸引各地旅客近距离感受星空下的迷人浪漫，在潮玩激情的音乐中感受大沥“夜经济”的澎湃活力，为大沥夜生活注入全新活力。

为更好地展现大沥城市形象，记录城市发展，南海镇街首个“城市慢直播”今日正式启用，全天候、全方位、全场景对外展示大沥城市形象、文化旅游、产业发展、夜间氛围。

大沥“城市慢直播”将以最能代表城市颜值与气质的地标作为直播对象，营造沉浸式场景，并陆续在各大地标启用“慢直播”，为城市名片注入数字化的驱动力。

接下来，大沥还将开展一系列特色的夜经济主题活动，联动引爆“夜间经济”，并以“网红区域”为引擎，带动激活片区夜经济的发展，形成全城、全域、全方位、多层次拉动消费的新格局，开辟大沥经济发展新高地。

亲历者说

大沥镇宣传文体旅游和教育办公室副主任 许于平：把“宣传力”转化为“服务力”

大沥镇宣传文化系统“服务增效 宣传聚沥”系列调研的背后，是大沥宣传文化工作出发点和路径的进化。服务企业，改善营商环境，不只是加快办理手续、落实政策扶持，宣传服务也是重要一点。

例如在调研无限续杯文化传媒有限公司时，双方就大沥特色文旅资源挖掘及融合宣传、城市人文特色IP打造、宣传新形式新赛道开拓等方面进行深入交流，进一步挖掘大沥本土优势资源，如沥商、内衣产业、龙舟文化、直播电商，策划一系列新潮出圈的宣传精品，共同助推文旅体一体化发展。

在南北旺铝业集团，负责人先后邀请我们参观生产车间和生产工序，介绍了公司通过改良生产设备提高生产效率而抢占行业先机的故事。发展到今天，南北旺铝业集团规模已做到亿元级别，并且在大沥镇全面推进工业上楼的背景下，投建了大沥全铝智能家居产业园，如今，这个产业园已经成为大沥工业上楼的一个典型项目。

在迎海集团，调研组参观了迎海集团茶产业、休闲娱乐、餐饮、茶艺培训等场所，并就直播赛道、网红街宣传、多业态运营等方面和迎海集团有关负责人召开了座谈会，深入交流在造节、IP打造等方面的经验做法。

例如金沙洲直播电商基地负责人，就邀请我们走进基地进行宣传文旅调研。我们实地参观了园区的全明星篮球基地、网红音乐酒吧、1号网红街、2号网红街等，重点就直播电商现状、企业进驻发展情况、基地休闲生态和网红街打造等进行交流。

在对一家家企业和商圈展开深度调研的同时，大沥镇宣传文体旅游和教育办也在南海大沥等平台主动公开联系方式。通过调研，企业不仅在宣传工作上得到来自大沥镇的支持，而且借助“南海大沥”等平台，有了更多的渠道获取政务服务。

三、沥商榜样

企业家是经济活动的重要主体。市场活力来自于人，特别是来自于企业家，来自于企业家精神。大沥做好企业服务，就要发掘企业家故事、企业创新故事，弘扬其中的企业家精神。

《中共中央 国务院关于促进民营经济发展壮大的意见》提出，在民营经济中大力培育企业家精神，及时总结推广富有中国特色、顺应时代潮流的企业家成长经验。加强对优秀企业家先进事迹、加快建设世界一流企业的宣传报道，凝聚崇尚创新创业正能量，增强企业家的荣誉感和社会价值感。

身处粤港澳大湾区腹地，大沥是中国民营经济最为活跃的镇街之一。改革开放以来，在活跃的市场经济氛围之下，

大沥是中国民营经济最为活跃的镇街之一。图为大沥城市客厅展示的大沥产业动态

大沥打造出“中国铝材第一镇”“中国有色金属名镇”“中国内衣名镇”“中国商贸名镇”等产业名片。全镇46个专业市场的年交易额超8000亿元，有“北义乌，南大沥”之称。

在这个过程中，大沥涌现出一批又一批优秀企业家。无论是出生、发展在大沥，还是从其他地方来到大沥创业，他们有一个共同的名字：沥商。一方面，他们从大沥出发走向世界。在许多细分领域，他们建立了全国性的影响力，并在海内外广泛投资布局。另一方面，他们始终不忘滋养他们的土地，长期扎根大沥或者不断回到大沥投资。

2023年2月，“中心大沥”战略发布，“沥商雄风行动”是战略实施的12大行动之一。通过行动，大沥推动沥商回家，帮助其打造总部基地、提供发展空间和创新支持，让企业根留大沥这片沃土。2025年1月2日，大沥镇举行2025年干部队伍作风建设大会暨“全沥以赴”服务企业方案发布会，现场推出优服务、搭平台、拓市场、强保障的“全沥以赴”服务企业方案，为首批十支“好给沥”企业服务队授旗。

有多大的视野，就有多大的胸怀。从清末民初的张謇，到抗战时期的卢作孚、陈嘉庚；从新中国成立后的荣毅仁、王光英，到改革开放以来那些有胆识、勇创新，具有鲜明时代特征、民族特色、世界水准的中国企业家队伍……他们以行动展现了中国企业家精神，成为推动国家发展、社会进步的重要力量。

当今世界正经历百年未有之大变局，比以往更需要企业家精神。“盛产”企业家的大沥，必然要大力弘扬沥商精神，让他们带领企业奋力拼搏、力争一流，实现质量更好、效益更高、竞争力更强、影响力更大的发展。

实践案例

企业家精神，如何弘扬与传承？

◎策划思路

优秀企业家是社会的宝贵财富，高质量发展必须发挥企业家作用。如何通过对企业家、企业发展的事迹发掘和宣传，擦亮大沥“中国铝材第一镇”“中国有色金属名镇”“中国内衣名镇”“中国商贸名镇”这四个“金饭碗”？

为此，大沥镇联合主流媒体，开展了“沥商传奇”——南海大沥企业家精神调研、“产业新沥量”——大沥镇产业向“新”发展提“质”一线观察等系列聚焦企业家及其企业创新发展的宣传。

这两个系列宣传，各有侧重。其中，“沥商传奇”——南海大沥企业家精神调研，对各个领域、各个年龄段的代表性沥商进行一次系统盘点，尤其是对于在大沥有深厚底蕴、广泛影响力的传统优势产业企业家进行发掘。调研结合全媒体形式，以第一手的信息、鲜活的情节，详细讲述他们立足大沥、发展产业、走向全国、贡献社会的创业故事，彰显他们的榜样力量、示范作用。

例如曹湛斌，带领坚美做到了日、美、德等发达国家铝企没能做到的事，让全球著名的10大高层建筑，5座采用坚美铝材；陈亚海打造的兴海集团，旗下的佛山市兴海铜铝业有限公司列2023年中国民营企业500强第243位，两家企业入选2023年佛山企业百强榜。

“产业新沥量”——大沥镇产业向“新”发展提“质”一线观察，立足南海区“三高四新”现代产业发展的大格局，探究大沥的产业发展方面有哪些新现象、大沥在产业新领域有着哪些“破题”思路、大沥又将培育怎样的新质生产力等话题。系列宣传侧重于面向新一代创业者、“企二代”和“新势力”，进一步彰显和激发这个群体的新兴力量。

例如南北旺铝业，创始人谭有明冲着大沥“中国铝材第一镇”这个名号，2013年从老家来到大沥创业，十年多时间，企业规模已做到亿元级别。例如梧桐本色内衣，短时间就成功跻身“盐步内衣十大魅力品牌”，也成为国内二线内衣的头部品牌。

这些宣传，都注重在深度剖析企业家、企业发展经验的同时，跳出个体视角，站在大沥整体发展、在南海乃至全国镇域经济中地位的变化视角进行宣传。从而以他们为样本，打响大沥作为企业家摇篮的区域品牌，强化沥商群体的共同荣誉感，因此得到了各界的广泛关注和好评。

◎媒体报道（摘要）

1. 南方日报：《曹湛斌：在世界面前，为中国铝业争光》

已过60岁的广东坚美铝业集团董事长曹湛斌，可以一次性连做超千个俯卧撑。

这是一项枯燥又痛苦的抗阻运动，但能比有氧运动更有效地增强肌肉耐力。10年前，为了对抗戒烟后食欲大增可能引发的肥胖、“三高”问题，保持身体健康，曹湛斌对自己下了“狠手”，开始高强度的俯卧撑锻炼。

能吃苦，是曹湛斌对自己这代创业者的第一评价。他拒绝被称为“企业家”，即便他一手创立了雅洁五金和坚美铝业两家行业龙头企业。在他看来，“任正非、曹德旺、马云这些，有大智慧大战略的，才称得上是真正的企业家，我就是个企业老板。”

这应该是曹湛斌的心里话。论影响力与知名度，说坚美与华为、阿里巴巴还有距离，这是事实。要说坚美为中国铝材行业作出不少贡献，甚至为中国铝业争光，也是客观评价。毕竟坚美做到了日、美、德等发达国家铝企没能做到的事：让全球著名的10大高层建筑，5座采用坚美铝材。

不甘

从24岁到32岁，曹湛斌和哥哥曹锐斌一边在农贸市场里做着猪肉、牛肉的买卖，一边看着家乡翻天覆地的变化。

那确实是一个只要胆大、敢闯，就有机会的年代。用曹湛斌的话说，“去广州随便拉一些垃圾废品回来，加工一下卖出去都能赚钱。”

“人家行，我们曹氏兄弟为什么不行？”不甘心一辈子在农贸市场里卖肉的曹氏兄弟，在长达两年的思考、摸底和衡量后，兄弟两人经过商议，决定由哥哥留守档口保底，弟弟出来跨界“闯一闯”。雅洁五金，是他们创办的第一家企业，主要做锌合金压铸的儿童玩具和家用五金产品。

于是，用了3年时间，雅洁五金赚了“第一桶金”。但曹湛斌还是觉得差点意思，“不如人家铝材厂赚得多，赚得容易。”

那已经是90年代初期，亚洲铝业、凤铝铝业相继建厂，大沥成为全国铝型材加工制造企业最多最集中的地方，鼎盛时期一度集聚了近200家铝型材企业，镇级销量和出口额排名均处于全国首位。前述所说的另一位沥商潘伟津，在专攻铝型材之后的两三年，企业年营收就已过亿。

再一次兄弟协商后，1993年，曹氏兄弟用雅洁五金赚下的100多万，加上多年经营肉档的积蓄，创立了坚美铝型材厂，正式进军铝型材行业。

那一年，曹湛斌36岁。

定力

曹湛斌很清醒，坚美，或者说整个铝型材行业能够快速发展，是吃到了改革开放与中国的人口红利，“假如坚美不是在中国，而是在非洲或者东南亚一个很小国家，有可能做成今天的坚美吗？不可能。”

但光靠外部利好，企业走不长远。市场竞争，优胜劣汰无处不在，要站稳脚跟、要做大做强，就要有正确的战略及与之匹配的战术、科学合理的管理制度、持续不断的创新与优秀的企业文化。更直白地说，就是要有自己的战略定位，以及执行战略的定力。

成立至今，30年的坚持，让坚美成为国内铝型材行业与国家标准的主要制定者和修订者，也是行业内唯一获得“中国质量奖”与“广东省政府质量奖”的民营企业。截至2023年12月，坚美共拥有各类专利1070件，其中国际发明专利25件、国家发明专利116件。

曹湛斌更骄傲于市场的认可：坚美高精尖工业材产品在新能源汽车、光伏储能、机械装备、5G基站、大疆无人机以及电子电器等高科技领域得到产业化应用，成为华为、比亚迪、一汽、东风、广汽、理想汽车等企业的主要供应商。

在建筑型材方面，坚美连续8年获评中国建筑型材十大首选品牌。全国100强的房地产企业，80%都与坚美有合作关系。全球著名的10座最高建筑，有5座采用坚美铝产品。

“坚美在短时间内取得这些成就，美国铝企业做不到，日本铝企业做不到，欧洲铝企业也做不到，我们做到了。”曹湛斌很自豪。

扫码阅读“沥商”系列报道

2. 南方日报：《吴艳芬：中国内衣“领跑者”》

佛山南海大沥盐步在改革开放后，发展起中国当代内衣产业最早也最成熟的集群之一，也诞生了一批领风气之先的企业家。广东美思内衣有限公司董事长吴艳芬，是最具代表性的企业家之一。

1981年，吴艳芬高中毕业即进入内衣行业。80年代末，她与家人从三台衣车创业，当时的行业主流是做出口，但她决定“拓荒”国内市场。90年代中期，中国内衣市场渐渐兴起但是西风盛行，几乎清一色的洋品牌、“洋名”品牌，她一反潮流打出了“美思”这个中国名字。如今，美思已成为中国内衣产业标杆之一，连续几年入选企业标准“领跑者”。

企业本身的地位之外，少有人注意到吴艳芬的另一项过人之处。内衣是跟女人最贴近的产业，但是绝大部分内衣品牌创始人、“一把手”都是男性。作为内衣“领跑者”里唯一的女将，她在柔与力之间寻找平衡，把内衣的时尚性与健康性并重，也一直坚持穿自己品牌的内衣。

“做任何事业，都要把自己放在消费者的位置，我想这才是工匠精神。”她说。

唯一的“领跑”女将

刚开始在“野蛮生长”的年代，吴艳芬几乎只做批发，没有想过打造一个品牌。

1995年，吴艳芬萌生做自主品牌的想法，并在一个当时在广州工作的高中老师帮助下，到农讲所附近开了首家“旗舰店”。当时为了节约成本，他们没有买大型商场里那种形象展示柜，就用老师从家里拿来的三块床板架起了货柜。没有找广告公司做招牌，就用在一张大红纸上写下“美思”两个字贴到门上。她还记得，开业那天是自己的生日，整天忙到都没吃饭。最后发现，他们首日就差不多卖了八千块的内衣，把开店的所有前期投入都赚了回来。

“美思”两个字也有来头。当时西方文化的影响力越来越大，市面上已经出现一些内衣品牌，但大多数要么是洋品牌，要么是取了“洋名”的国产品牌。“为什么老要用外国人名字，听都听不明白。”吴艳芬首先取了“美斯”两个字，寓意女人的美丽、斯文，却因为跟已有的“美思”谐音而无法注册。吴艳芬转念一想，“思”代表有思想内涵、美在心田，更是女人应有的特质。于是便找到那家先注册的公司，用了十倍的价格将商标买下来。

在中国内衣的大舞台上，美思这个名字从此正式登场了。随后，美思启动了全国招商，在各地建立统一形象、标准、模式的专卖店。2000年前后评出的中国内衣十大品牌中，有7个都位于盐步，其中之一就是美思。

“商业要遵循商业的逻辑”

时光流转，唯一始终不变的，只有变化。

在中国市场上，盐步内衣并非是一帆风顺的。近年来受到的最大冲击就是电商，美思也是其中一员。数十年建立起来的庞大渠道体系，本身是美思的一道护城河。其线下营销发展最兴盛时，全国门店数量超过2000家，而且都是重资产投入。但是随着电商时代的到来，固若金汤的堤坝出现了缺口，怎么办?

“商业要遵循商业的逻辑。虽然我们也有过抵触，觉得电商把零售业的水‘搅混了’，但是必须顺应潮流。”吴艳芬说。2010年左右，美思就成立了电商部，并先后入驻了唯品会、淘宝、拼多多等主流线上平台，最初由吴艳芬长子林杰平负责，后来聘请了职业经理人来管理。

在盐步内衣企业中，美思是最早一批拥抱电商的。跟有些企业主要把电商渠道用来“清库存”不同，美思会把最好的产品放到电商，针对渠道特点进行商品配置、人才配置。十几年来，美思内衣线上销售占总营收的比重一直在提升，如今已达到约60%。美思还建立了面向行业开放的智能云仓，兼有第三方选品中心的功能，目前已有约1万个SKU（存货单位），并有30%的业务量来自外部。

“我一直在跟我的团队讲，对我们的事业要有幸福感和信心。”吴艳芬说。

3. 珠江时报：《南北旺铝业：是“吃螃蟹”者更是行业引领者》

当别人在做全铝家居的时候，南北旺已有完整的产业链；当别人在完善产品的时候，南北旺已通过技术革新跻身高新技术企业行列……在诞生至今只有大概十年的全铝家居产业里，南北旺不仅是最先“吃螃蟹”者，还是当之无愧的行业龙头。南北旺的创始人谭有明，是一个地道的湖南人，2013年从老家来到大沥创业，十年多时间，企业规模已做到亿元级别。对于这片让创新梦开花结果的沃土，谭有明很是热爱，他说：“佛山是全世界的建材平台，我在这里做一年，相当于在老家做好多年！”

量变

从一扇门到全屋定制

全铝打造的天花吊顶、橱柜、床、衣柜、电视柜……走进大沥全铝智能家居产业园的展厅，便走进了一个全铝家居的世界。在三楼展厅一角，南海区全铝家居行业协会常务副会长、南北旺铝业集团董事长谭有明，正忙着和设计师沟通展厅最新的设计方案和产品细节。

2013年，冲着大沥“中国铝材第一镇”这个名号，谭有明只身一人从湖南老家来到大沥，做起了橱柜晶钢门生意。

但那时的晶钢门产品同质化严重。有次，一位客人向谭有明提出，想用铝材来代替晶钢门板的定制需求。“本来只是一位客人的需求，没想到全铝门的产品更受欢迎。”于是，谭有明萌生了用铝材来生产家具的想法。

在当时，这是一个很大胆却鲜有人尝试的点子。尽管摸着石头过河，谭有明还是决定尝“头啖汤”。

2014年，他推出“南北旺全铝家居”品牌，尝试从铝制橱柜门到全铝柜体，再逐步延伸到全铝制作的衣柜、酒柜、书柜等。不仅如此，为了保证产品质量，他还在次年成立“美之美公司”，实现了自主完成铝材挤压、氧化、喷涂、木纹转印的全链条加工……就这样，他的公司成了大沥最早进入全铝家居的企业之一。

谭有明的嗅觉是敏锐的。当时，作为铝型材行业的一个新兴细分产业，全铝家居产业就在被誉为“中国铝材第一镇”的大沥起源与兴起。

铝原本是可回收再造的有价金属，相比木制家具有很多优点，特别是弥补了甲醛释放量超标和白蚁虫蛀等不足。铝合金板材表面经过木纹热转印、喷涂等工艺处理，利用卡槽位拼接组合，从外观上看，铝制家具可制作成与木制家具相似度极高的产品。

在大沥，全铝家居迅速成为家居行业的一股新势力，各路创富者蜂拥而至。2014年，大沥镇内开展全铝家居业务的企业仅有4家。经过近十年的发展，如今，大沥镇及周边全铝家居企业超过1000家，占据了全国全铝家居市场份额过半。目前，大沥镇内已形成了从生产、加工、到展贸的全铝家居全链条，成为辐射全国的全铝家居重要聚集区。

质变

从野蛮生长到形成生态

随着越来越多人进入全铝家居赛道，比把货卖出去更难的，是要让人知道、认可自己的名字，这样才能在市场、在行业占据一席之地。

“我从老家来大沥创业带了两大法宝，其中一个就是电商思维。”早在湖南老家创业期间，谭有明已借助互联网搜索引擎广告，尝到了“触网”带来的甜头，把生意做到了全省。在推出“南北旺全铝家居”品牌后，谭有明继续推动品牌“触网”。他在凤池装饰材料市场租的小门店，也因此获得了不少的客流量。“有了线上引流，我们线下外地客户的成交率达100%。”

在直播电商兴起时，谭有明又在第一时间拥抱潮流，自己带头，鼓励全员在抖音、快手等平台尝试直播带货，积极为品牌引流。乘着直播电商的“东风”，南北旺铝业也站在了发展的新风口。

“独木难成林。”已站在风口上的谭有明，却还想帮助更多的同行“迎风起飞”。他的想法与政府的引导不谋而合。2018年，大沥宣布上线中国首个全铝家居产品指数，成为全国全铝家居行业的信息发布中心和关注焦点。为了推动行业健康发展，在镇委镇政府的倡议下，十多家行业优秀企业和品牌联合，发起和组建了南海区全铝家居行业协会。如今，协会的会员企业已超100家。

2022年5月，在谭有明的争取下，由该协会主导成立的“大沥铝家居电商学院”落户南北旺。该学院由全铝家居协会独立运营，定期举办阿里巴巴、抖音、企业管理等主题公开课，佛山制造业企业从业人员均可报名免费参加，所有讲师、场地等费用由南北旺全力承担。

A05 大沥观察
南北旺铝业
是“吃螃蟹”者 更是行业引领者

“商学院落户南北旺，对我们而言，是责任大于荣誉。”谭有明坦言，他希望借此平台，通过接受规范、专业的培训课程，携手各企业共同发展、共同提升，推动本地行业的持续壮大，促进全铝家居产业集群成型。

4. 珠江时报：《梧桐本色内衣：创新设计搞直播 新锐“小辈”成“黑马”》

它是盐步内衣行业里的“小辈”，同时也是行业品牌里的新锐“黑马”。

从2016年创业时的默默无闻，到通过创新设计，抢占直播电商风口，佛山市梧桐本色内衣有限公司（以下简称“梧桐本色”）快速成长为国内中高端内衣头部品牌，成功跻身“盐步内衣十大魅力品牌”之一，也成为国内二线内衣的头部品牌。

作为一家年轻企业，梧桐本色凭借什么突破竞争重围，快速在行业内占据一席之地？在佛山市梧桐本色内衣有限公司总经理刘建新看来，创新便是其品牌能够立起来的支柱与保障。“做品牌就像跑马拉松，坚持、持续最重要，所以我们不要内卷，而是要‘进化’。”刘建新说。

设计先行
新锐“小辈”成“黑马”

无论是贴身的内衣裤，还是可居家可外穿的休闲居家服、亲子装……在梧桐本色位于大沥电商产业园核心区——广佛智城内的形象展示店里都能找到，这里囊括了企业全品牌的最新产品。

在盐步内衣的“军团”里，梧桐本色是一家“年轻”的企业。2016年，怀揣着300万元启动资金的刘建新，与3位合伙人共同创办了这家企业。

要想让市场认可梧桐本色这一“后辈”生产的产品，并非一件易事。“很多销售商都对我们持观望态度。”于是，刘建新决定要差异化竞争，走“轻资产”并结合自然美学、时尚文化来主导产品设计的道路，以此为企业品牌定调，即要做具有小资情怀、自然美学的品牌。

市场很快给了梧桐本色一个正向的回馈。2017年8月，梧桐本色在杭州开了一场新品发布会。因为小清新的设计以及明确的品牌定位，梧桐本色的原创新品让人“眼前一亮”。“那一年我们一下发展了超300个客户。”刘建新说。

这让刘建新与伙伴们看到了希望，也更坚定了要走“设计先行，品牌定向”的企业发展道路。

梧桐本色的横空出世不是偶然，而是得益于刘建新在业内持久的沉淀。创业之前，刘建新曾在一家内衣龙头企业当了十多年的高管。“当时就发现业内很多品牌都高度同质化，这与内衣个性化的需求相违背。”刘建新说，品牌差异性成为了梧桐本色突围的利器，2018年销售额已是第一年的4倍。

为美而来
创新成为品牌支柱

创新是品牌的核心要义。换句话而言，即要通过产品创新来彰显品牌差异性，同时也要通过服务创新来提高品牌价值。

因此，梧桐本色在商业模式方面尝试改变。不同于行业内传统品牌，梧桐本色选择在销售上做“减法”：在全国各地发展加盟商，让加盟商直接对接工厂，即让加盟商成为企业在各地的“办事处”。这样一来，加盟商不仅不需要积压库存，又可以服务好商家，还可以最大程度地让利给消费者。

梧桐本色还在设计上瞄准品牌定位人群苦练“内功”。在刘建新看来，内衣尽管是私密性产品，但也属于穿搭美学的一部分，可以延伸到居家、亲子、约会等不同生活场景。“所以我们组建了一支超70人的研发团队，每年投入超过1000万的研发基金用来研发蕾丝、设计花样，尝试用棉、麻、丝等布料进行设计。”刘建新表示，这些举措推动了品牌持续稳定发展。据统计，梧桐本色在全国拥有超1000家形象展示店，近年来的销售额也保持超20%的年增长率。

大沥观察 A05

佛山市梧桐本色内衣有限公司

创新设计搞直播
新锐“小辈”成“黑马”

刘建新大胆创新的背后，也有信心支撑来源。近年来，大沥在盐步内衣品牌建设、标准制订、研发设计、新材料应用、数字化转型、电商直播、知识产权保护等方面发力，使产业集群的综合实力持续保持全国领先地位。2023年12月27日，盐步内衣行业协会还和佛山市版权保护协会联合组建佛山市内衣行业版权保护联盟，致力于通过版权切实保护企业的研发创新成果，增强企业竞争力。

亲历者说

沥商与这片热土

曹湛斌[广东坚美铝型材厂（集团）有限公司董事长]：我生在大沥、创业在大沥，大沥人杰地灵，也是一片经商、创业的沃土。世界铝产业看中国，中国铝产业看广东，广东铝产业看南海，南海铝产业看大沥。作为企业家，我们要树立品牌意识和现代化企业经营、生产理念，助力擦亮大沥的产业“金字招牌”。

陈亚海（广东兴海投资集团有限公司董事长）：我在大沥做了几十年生意，把根深深扎在了大沥，这里是我的第二故乡。我感觉其他地方的市场氛围、投资环境都不如大沥。各级政府对企业的支持和帮助很多，无论办事效率还是服务态度都非常好。其他地方可能也有很多机会，但在我心中，大沥就是最好的。

何炳祥（广东奥丽侬内衣集团有限公司董事长）：大沥最大的特点是这里从政府到企业都比较务实，共同营造出很好的氛围和环境，政府对外来投资企业的服务有目共睹，这也是别人愿意到大沥来发展的原因；企业同样抱有一种开放包容的心态，容得下人。

吴艳芬（广东美思内衣有限公司董事长）：我是土生土长的大沥人，在这里办企业也三十多年。绝大部分沥商，都是稳健的同时又敢冒险，并且乡情很浓重。又稳、又拼、又有情，就是我们沥商的精神。沥商的发展离不开大沥的人文底蕴和开明、包容的营商环境。我也问过很多外地来的企业家朋友，他们都是被大沥的包容性吸引。

第五章 擦亮文旅招牌，壮大人文经济

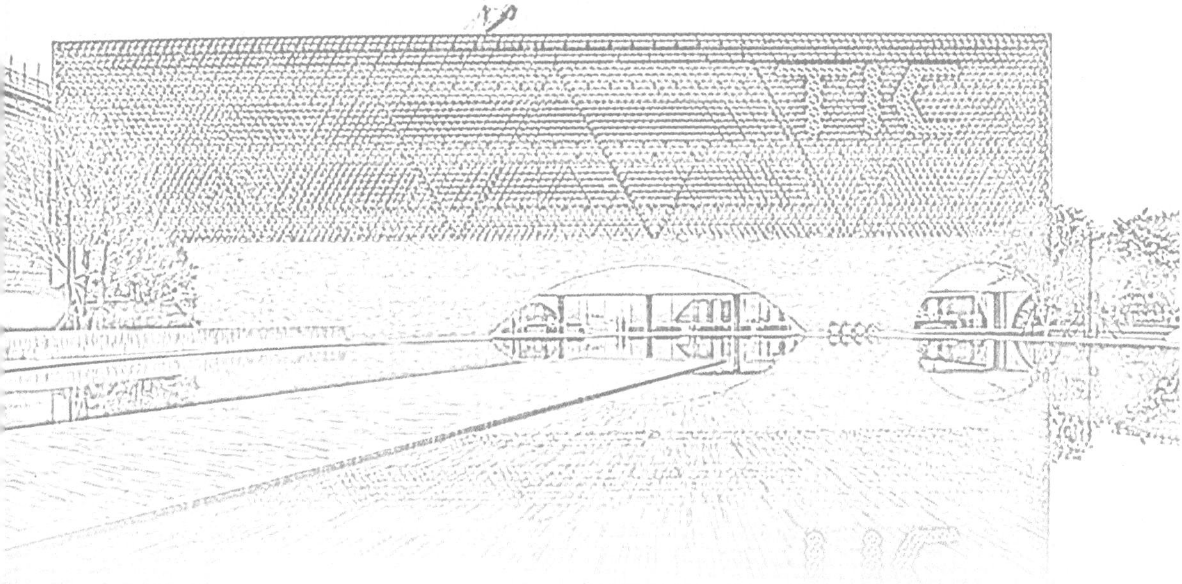

文化是一个国家、一个民族的灵魂，也是城市经济社会发展的深厚底蕴。

放眼国内一些经济强市，文化繁荣、经济领先往往同时出现，呈现出深厚人文底蕴与科技创新、高质量发展紧密结合的发展特点。比如苏州、成都、杭州等地，既有自然之美、人文之美；又是经济强市、科技之城、产业高地。

在这种现象背后，人文底蕴与经济发展是一种双向生成、双向保障的关系。文化繁荣意味着人文的活力与魅力，不仅会形成人口的繁庶和人才的聚集，也会带动技术创新、经贸活动的丰富和活跃，而经济增长又会对文化发展、文明交流产生正向激励，形成良性循环。

发展人文经济，需要有具体抓手。在镇街层面，推动文旅产业做大做强，是发展人文经济的基础性工作，有利于推动文化、消费、旅游等产业融合发展、共同繁荣。在这个背景下，擦亮文旅招牌、壮大人文经济，成为大沥推动高质量发展的重要抓手。

一、把“规划引领”落到实处

古人云：“凡事预则立，不预则废。”重要工作必须有前瞻性的规划，在规划的引领下才能成功。对于城市文旅品牌的打造来说，同样如此。

广东是全国文旅大省。2021年，广东省文化和旅游厅编制并印发《广东省文化和旅游发展“十四五”规划》，提出到2035年，广东建成更高水平的文化和旅游强省，文化和旅游业为实现人的全面发展、满足人民美好生活需要提供坚强有力保障。近年来，广东省提出，着力打造粤港澳大湾区世界级旅游目的地，在新的起点上继续扎实推进文化强省建设和文旅产业高质量发展，推动广东在中国式现代化建设中走在前列。

作为岭南文明的发源地之一，南海区十分重视文旅品牌打造。2022年11月，南海区文化发展大会召开，发布了南海区《关于推动文化高质量发展的意见》，围绕着以文铸魂、以文塑城、以文兴产、以文化人、以水为脉等多方面举措，对南海推进文化高质量发展进行详细阐述，为南海加快文化强区建设、推进文化自信自强、促进城产人文深度融合发展规划了“路径图”。2023年底，南海先后入选全国首批文化产业赋能乡村振兴试点县区、国家文化产业和旅游产业融合发展示范区建设单位名单。处在这样一个文旅强区，大沥擦亮文旅招牌有了更强的底气和必要性。

大沥以文化引领打造了一批美丽乡村

跟周边地区相比，大沥文旅在景点、地标、配套、地铁、意识、自信、人才、体系等方面均存在不足。例如，迷笛音乐节主办方曾经主动找到大沥，但是大沥无法提供合适的场地。此外，大沥没有A级旅游景区，虽然有一些公园，但是适合年轻人休闲、打卡的现代化主题公园并不多，适合发展公园商业的公园也并不多。大沥有镇属的文旅公司，但是刚刚起步，还没有一个文旅集团，在项目立项、投入方面还不够，并且也缺少专业人才，尤其是懂市场、懂流量、有资源的职业经理人。

在这种情况下，就特别需要高水平的规划。根据《大沥镇文化旅游体育发展“十四五”规划》，大沥将构建“一带一轴两廊四区”的“1124”文旅体空间发展格局。其中，“一带”是省佛通衢文化带。作为地理上的“邻居”，大沥与广州早在数百年前就已结缘。省佛通衢是广佛历史上第一条贯通的陆路，它既是驿道，也是商道，连接

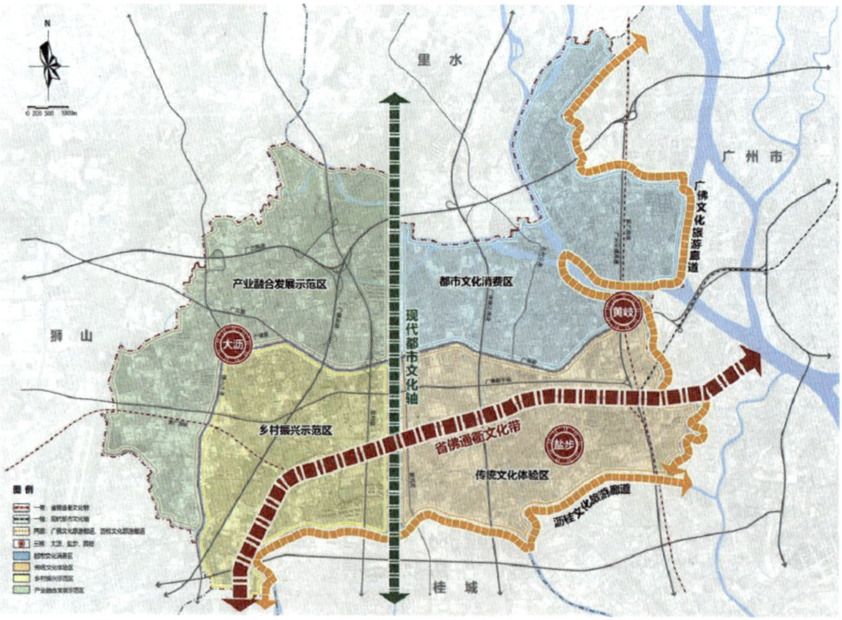

大沥镇文化旅游体育发展“十四五”规划空间布局

了两地的信息互通、文化交流和商贸往来。屹立其上的五眼桥、三眼桥、一眼桥，至今依然坚固如初，见证着广佛两地源远流长的情谊，也凝聚着两地开放进取的独特精神。

此外，"一轴"为现代都市文化轴，"两廊"为广佛文化旅游廊道、沥桂文化旅游廊道，"四区"包括都市文化消费区、传统文化体验区、产业融合发展示范区、乡村振兴示范区。

"十四五"期间，大沥文旅体融合发展总体定位为"大湾区商贸文旅新极点"，包括商贸文旅活态消费示范区、大湾区文体休闲中心、大湾区创新创业集聚地、广佛文化同城先行区、城乡共同富裕标杆区，形塑具有区域影响力的大沥文化品牌，打造全国知名的"商贸文旅活态消费示范区"，更好地满足人民群众快速增长的精神文化新需求。

大沥城市中央艺术营地

大沥将醒狮文化IP融入公园

规划既有宏大部分，也有细微之处。做文旅不能盲目跟风、盲目做各种大型文旅项目，为了文旅而文旅。首先要准确定位，结合产业特色、区位优势，与其他地方错位发展，走接地气、适合自己的文旅发展路径。在大沥看来，“微文旅”是应该着力的方向。“微文旅”主要从“三周”入手，即周围群众、周末休闲消费、周边产品，结合微改造，将美学、艺术融入经济发展中。

与此同时，大沥还提出要把时尚、消费与文旅结合起来，发展有根基、有依托、有生命力的文旅。做一次活动、一个项目，打造一个节日，都不仅仅着眼于这项工作本身，而是要从全镇文旅产业、时尚消费产业的大趋势出发，做好策划和融合，让大沥城市“出圈”。

以高水平规划为引领，把“人文经济”的思想浸润到城市和产业发展中去，大沥文旅产业进入新的发展阶段。

二、把城市品质变为城市品牌

发展文旅产业需要优美的城乡环境，壮大人文经济也需要现代化的城市载体。

曾经有一段时间，由于发展较早等历史原因，大沥城市品质与经济规模并不匹配，城市品质甚至成为城市形象的一个短板。近年来，大沥在城市品质提升方面下了很大功夫，这也成为大沥城市品牌的焦点。

大沥希望，通过对城市环境变化的持续宣传，激发投资者、创业者、消费者对当地文旅产业、文化消费的热情，以此壮大人文经济发展；同时，也让人文经济、城市美学的理

大沥代表性地标之一“南海之门”

念在各级各部门更加深入人心，把大沥变成一个更有文化味、更有吸引力的城区，让“以文润城”成为现实。

大沥城市品质的滞后一度“深入人心”，要改变这种印象并不容易。作为一个改革开放之初就迅速起步的大镇，过去大沥整个城市规划、公共设施设置都是乡镇的标准，习惯于“吃租经济”“马路经济”的粗放式发展，导致大沥存在片区统筹规划不足、土地产出效益低下、土地开发碎片化严重、城市形态功能不完善、产业结构不合理、公共配套建设滞后等发展质量低、发展不平衡的问题。

而在如今这个“生活引领生产”的时代，大沥拟纳入佛山市中心城区。深入推进“百千万工程”，是大沥负重致远、破局起势的关键路径，是建设高品质、强实力、新活力的中心城区的突破性抓手。未来，大沥要让群众“在城市里游山玩水，在公园里工作生活”。

“盐步老龙1432”项目

2021年3月，大沥举行文商旅体创重点项目发布会，五大重点项目、广佛新城（大沥）文商旅体创产业融合发展先行区的建设现场启动。这些项目备受关注，如广东省智慧青少年宫（广佛青少宫）的建设是大沥镇盘活黄岐文化资源、改造活化黄岐文化中心的一大重要举措；大沥铜文化中心项目由大沥海归文创团队正家文化创立。大沥为南海推动文商旅体创融合发展开了一个好头，也开了一个新局，为南海深化高质量文化导向型名城建设贡献了大沥力量。

岭南传统文化是大沥的特色和底蕴。2023年端午期间，盐步老龙在全国媒体爆火，这背后是大沥在区、镇规划部署之下，从2022年底开始高水平打造的“盐步老龙1432”项目。根据南海区《关于推动文化高质量发展的意见》，省佛通衢文化带以“商贸文化”为特色，连接千年商都（广州）与帝国铁都（佛山），体现了南海人商行天下、开放进取、向海而生的精神特质。“盐步老龙1432”项目总占地面积约19万平方米，目标打造国家4A级盐步老龙文化生态景区，成为集办公、娱乐、休闲、观光于一体的“城产人文”融合的标杆文旅创意产业项目。

体育场馆是大沥文化项目的特色之一。大沥作为首个“广东省网球特色镇”，一直以来有着深厚的网球文化底蕴。2023年年初，中国网球协会网球社区运动会系列活动在大沥举行，广佛启力·拓普体育创意园也同步启动运营，该创意园是粤港澳大湾区首个网球主题体育公园。在园区启用当天，大沥还获授“最佳网球特色镇”称号。拓普体育创意园位于广佛江珠高速横江段，是充分利用桥底空间打造的集体育项目、休闲娱乐于一体的多元综合体场所。

大型文化场馆是大沥擦亮文旅招牌、壮大人文经济的王

2023年大沥醒狮盛会

牌项目，其中又以拟投资超36亿元建设的南海艺术中心为代表。2023年年底，大沥举行“灯湖中轴　城市向上”灯湖中轴重点项目发布暨集中动工、开放仪式，MAD建筑事务所团队在此次活动上发布了南海艺术中心的最新规划方案，包括大剧院、博物馆、体育中心及相关配套建设，融合艺术、文化、商业及休闲娱乐等功能，项目将建成南海区未来文化新地标、广佛城市客厅新名片。

2022年5月，大沥城市客厅启用。这是全省首个全域土地综合整治主题展示馆，涵盖城市更新展示馆、招商中心、融媒直播间等功能，是大沥镇推进城市更新、商贸转型的又一硕果，为社会各界了解大沥、关注大沥城市品质提升，提供了更好的平台。

绿美空间的建设和宣传，让大沥市民的幸福感越来越足。2024年

3月，大沥举行灯湖中轴绿芯三大公园动工仪式，灯湖中轴公园（二期）、九龙公园改造提升工程和雅瑶香基四季农业改造工程同步动工建设。三大公园总面积达460亩，与南海艺术中心遥相呼应。未来，以南海艺术中心为起始点往北眺望，一条高质量的“城市绿轴”将成为大沥人文经济的城市表达，为南海人文经济的繁荣壮大提供空间载体。

不仅是传统文旅品牌需要活化打造，“商贸”事实上也可以成为一个文旅品牌。商贸领域素有“北义乌　南大沥”之称，义乌就是一个发展商贸文旅品牌的典型案例。义乌发展旅游业所需要的常规资源先天不足，传统优势不明显。但是经过多年精心培育，义乌国际商贸城已成为浙江省最具吸引力的十大旅游景点之一。义乌国际商贸城作为全国首家4A级购物旅游区，开全国“以商带游、以游促商”先河。如今，一个以购物中心为核心，国际商贸城购物旅游区为主

大沥城市客厅

体，篁园市场、针织市场和专业街为支撑的购物旅游体系已在义乌形成，“到浙江旅游，没到过义乌会和没到过西湖一样感到遗憾，不能算真正来过浙江”已成为许多海内外游客的共识。

大沥也有类似项目。2023年2月23日，投资13.8亿元、占地74亩的环球水产品工贸一体化项目随多个广佛湾项目集中动工。作为全国最大的水产交易市场之一，这里将打造一个大型产业综合体，集国际化水产品交易、高端水产文化旅游体验以及水产餐饮娱乐服务于一体，踏上“工贸一体化、文产旅融合”的跃升之路，成为文商旅产业融合发展的一个新实践。

2023年6月，大沥近万名市民参加全民欢乐徒步节活动

实践案例

六百年老龙，如何焕发新机？

◎策划思路

打造文旅品牌，需要规划引领、项目为王，也需要宣传助力。

大沥本身就是一个文旅资源丰富的地方，“醒狮之乡”“摄影之乡”“粤曲之乡”“书画之乡”“诗歌之乡”“传统龙舟之乡”“藤编之乡”和“口哨之乡”是大沥传统的八大文化IP。同时，大沥还有先天的区位优势、良好的产业基础，使得大沥有条件把一批高品质的文旅项目建设和运营起来。

宣传，是贯穿这些项目建设运营的重要一环。其中，最典型的就是围绕省佛通衢文化带打造的“盐步老龙1432”项目。以“盐步老龙1432”项目为契机，大沥的文旅招牌越打越出圈。

首先是项目本身、特别是项目名称的策划。一个项目能不能传得起来，命名是第一步。一个响亮、有记忆力的名字，才能有

大沥以“盐步老龙”文化IP开发铜盘等文创作品

传播力。这方面，“盐步老龙1432”项目以数字命名。相对于常规的文字来说，数字本身就是一种有新鲜感，容易产生传播力。而且盐步老龙建造于公元1432年（明宣德七年）。1432，不仅是老龙的建造时间，也是“一世相爱”的谐音。近600年的盐步老龙传承，让项目的历史文化底蕴显而易见。

第二是要善用活动造势。在2022年的稻田音乐节现场，大沥镇正式宣布启动“盐步老龙1432”项目建设，将以老龙文化为魂，融合美食、民俗、产业等文化元素，打造一个国家级4A老龙文化主题景区。在2023年的稻田音乐节现场，举行了“盐步老龙1432”项目（一期）启用仪式、“盐步老龙1432”项目运营合作协议签约仪式。一年时间，项目（一期）工程六大主体项目已经建设完成，打造了一大批传统和现代兼容、颜值与内涵并存的城市美学空间和休闲公园。

第三是在各种活动中串联、植入项目元素。许多活动把项目作为必经点、打卡点，引导群众走进来实地感受项目的魅力。例如在2023年6月，近万名市民参加大沥全民欢乐徒步节活动，感受城市更新、乡村振兴的崭新风貌。活动特意将“盐步老龙1432”项目中一段2公里长的龙涌河道安排进徒步线路中。

第四是根据工程节点进度，安排网红主播视频打卡，组织专业媒体、摄影师拍摄地标建筑，把一些重量级的城市宣传片放在项目地取景，让地标建筑出现在更多爆款视频中。如在2023年7月，“南海大沥”公众号发布《投资2.9亿！美炸了！“盐步老龙1432”项目抢先看→》。2023年4月，《你好大沥》MV在“盐步老龙1432”项目现场举行开机仪式，借2022年《中国好声音》总冠军梁玉莹的影响力带动项目传播。

◎**媒体报道（摘要）**

1. 南方日报：《大沥“城市微文旅”，给镇街人文经济什么启示？》

发力人文经济，佛山南海大沥一直在探索适合自己、可行、可复制的道路。“城市微文旅”，就是大沥最新实践的方向。在这个暑期，大沥“城市微文旅”持续引发热潮。

7月24日，一年一度的平地观音诞活动在大沥平地社区举行，作为南海区非遗项目之一，活动上的“叹观音斋”“做大戏”等节目吸引了不少市民游客关注，让人感受到大沥传统文化的魅力。

几天前的7月20日，大沥举行灯湖中轴公园商圈地标发布会暨灯湖中轴音乐季CityYeah活动，启动“城市公园体验官”活动，发布全球最高最大的醒狮艺术装置“狮门”等，现场烟火璀璨，人流如织，并在多个网络平台引爆流量。

大沥的“城市微文旅”是如何做的？给镇街发展人文经济带来哪些启示？

这个夏天，大沥有多火？

7月，高温不减，然而佛山的文旅更“热”。

为了接住文旅“热经济”这“泼天的流量”，当前南海正在大力推进城市文旅经济发展。作为南海经济大镇，大沥也正在走出自己的人文经济之路，紧紧抓住这一新赛道与新机遇，以文旅赋能城市焕新发展。

在灯湖中轴公园商圈地标发布会暨灯湖中轴音乐季CityYeah活动之前一天，7月18日，佛山南海海洋亲子乐园在大沥灯湖中轴正式开业，被称为“佛山最大的一站式海洋亲子乐园”。

南海海洋亲子乐园以新颖自然的“海文化”元素为主题，结合南海特色推出醒狮美人鱼剧场、陶艺亲子课堂等精彩绝伦的游乐项目，预计首年游客量将达到50万人次，成为千灯湖中轴文旅商贸集聚区的又一个“打卡”新地标。

乐园开业当天，2024年灯湖中轴生活大赏活动也同步启动。7月至9月，2024大沥灯湖中轴生活大赏计划启动八大“夏日漫游City计划”，联动灯湖中轴公园商圈地标，如灯湖中轴公园示范区、TIC艺术营地、南海海洋亲子乐园等，推出TIC万人泼水音乐节、海洋梦幻之约、奥运主题嘉年华等超百项精彩的潮玩活动。

更早的今年初，广佛最大的室内亲子娱乐中心——多元宝贝世界作为大沥镇儿童友好基地在大沥正式开业，吸引众多家长纷纷带娃体验，暑期每日接待700人次以上。此外，广佛新晋的网红露营地——总占地约3万平方米的大沥TIC艺术营地，吸引上万人次“打卡”游玩。

大沥的“城市微文旅”主要从“三周”入手，即周边群众、周末休闲消费、周边产品，结合微改造，将美学、艺术融入于经济发展中。随着越来越多文旅项目在大沥落地“出圈”，大沥文旅经济发展如火如荼。

“城市微文旅”，为什么能火？

近两年，大沥多措并举，着力打造大沥城市IP，重塑大沥记忆点，推动专属文化地标的形成，打造大沥新形象，提升城市品牌传播度与影响力。

为何多元宝贝世界、南海海洋亲子乐园等一众项目在大沥落地便火热“出圈”，人流不断，业态长红？这背后离不开大沥对城市文旅经济发展的重视与支持。

多项政策优惠与扶持，让企业更添热情。对于符合政策优惠的商家，有关部门主动告知相关优惠政策，促进商家在政策支持下更好地发展，对于需要办理相关证件许可的商家，政府简化新商家在注册登记、许可审批等方面的流程，提供更好的惠企服务。

同时，大沥对相关项目和活动进行多渠道融媒宣传。对于落地大沥的新文旅项目，大沥利用南海大沥、南海旅游、南海发布等官方微信号、视频号进行预热宣传，推出文化大沥、大沥点评等多个专栏，为沥城文旅经济增添新活力。

如在近期，为了宣传南海海洋亲子乐园，打造属于网红大沥的文化旅游“新名片”，“南海大沥”公众号推出《佛山又一文旅地标亮相！网红大沥“深海奇遇”启程！》《300张门票免费送！佛山最大海洋亲子乐园，来了→》等多篇推文，浏览量破万，其中《300张门票免费送！佛山最大海洋亲子乐园，来了→》单篇转发量近三千，引起广泛关注，为南海海洋亲子乐园吸引大批游客。

又如在宣传佛山多元宝贝世界时，“南海大沥”推出7条推文，浏览量同样火爆，吸引大批家长带娃体验，六一当天全天接待超2000人次，营业额超25万，周末平均每日接待超700人……

像这样通过“南海大沥”宣传而受惠的企业，远不止南海海洋亲子乐园和多元宝贝世界两家，如广佛智城商圈、创客小镇、迎海茶都、金沙洲直播基地、美思内衣、V-cafe等多家企业、商家都是“南海大沥”“一对一”宣传服务企业的成功案例。

2. 南方日报：《视听盛宴点亮传统文化IP，南海大沥启动“盐步老龙1432”建设》

给传统文化IP加上新的活力，南海大沥正在探索“城产人文”融合发展新模式。2022年11月13日晚，在佛山市南海区大沥镇盐步社区，一场特别的稻田音乐节上演，2022年《中国好声音》总冠军、大沥学子梁玉莹现场为大沥群众送去动听的歌声，安静的稻田就此“点燃”。

稻田音乐节举办的现场正是有着590余年历史的盐步老龙文化发祥地，大沥镇也在此宣布启动“盐步老龙1432”项目建设，将以老龙文化为魂，融合美食、民俗、产业等文化元素，打造一个国家级4A老龙文化主题景区。该项目片区也是南海区首个以文化为主题脉络的全域土地综合整治片区。

从位置上看，该项目位于广佛湾城乡融合示范区，总占地面积约19万平方米，大沥计划通过活化百里芳华盐步老龙示范区、南海酒厂、南海粮仓、盐步直街等区域，打造一个集办公、娱乐、休闲、观光于一体的城、产、人、文融合的标杆文旅创意产业项目。

项目将按照“政府引导、规划引领、属地实施、市场运作、分步推进、各方受益”的工作思路，分四期开发，力争两年完成项目改造。项目一期于13日正式启动，包括老龙公园改造提升、龙涌沿线建筑外立面改造、百里芳华稻田景观打造等，建成一批好吃、好玩、好看、好住、好赚的游乐打卡点，并计划于2023年1月对外开放。

接下来，大沥还将推动盐步旧城片区改造，实现传统与现代的碰撞、文化与科技的融合，用盐步老龙的精神来推动大沥的全面振兴。具体来说，就是将盐步旧城片区品质不高、长期闲置、利用不足、功能不优的微型公共空间和老旧建筑进行改造提升，结合片区外立面、绿地、公园等整体改造，推动城市存量空间的活化与利用，唤醒盐步社区文化记忆，实现人居环境、经济、产业、文化等综合协调。

3. 珠江时报：《中心大沥　你是懂浪漫的》

“天阶夜色凉如水，坐看牵牛织女星。”8月10日恰逢七夕佳节，佛山首个“泼水+音乐+泳衣秀”活动——2024灯湖中轴音乐季“DALI So City”TIC泼水音乐节在大沥举行。在水花和音乐中，人们感受到大沥别样的浪漫。

如今，对于大沥来说，浪漫不仅是一种城市环境、一种文化氛围，更是一种“经济价值”。当大沥这个“中国商贸名镇”开始懂浪漫，会给人们带来多少惊喜？来过的人，懂的都懂。

颜值跃升

网红地标背后的深情告白

当大沥开始懂浪漫，它便开始对自己的“颜值”有了更高的要求。

这一天，佛山最大的“真爱表白气球”缓缓升空，直径五米的浪漫气球成为市民争相拍照打卡的热门“背景”。在TIC创客小镇艺术中心4000平方米的艺术水池中，身穿时尚泳衣的高颜值模特亮相走秀，让人联想起此前在稻田中举行的超模内衣秀，不禁惊叹大沥制造浪漫的用心创意。

在大沥，值得“打卡”定格美好时刻的地方还有很多。大街小巷里，就隐藏了很多不期而遇的惊喜。

2023年以来，大沥在“百千万工程”的牵引下，积极落实南海区委、区政府相关部署，围绕“中心大沥”战略创新方式做法，全面吹响了迈向“网红大沥”的号角。

最直观的变化，是“网红打卡点”的纷纷涌现。在大沥盐步老龙1432项目里，有着“Tiffany蓝屋”、“一旧云公园”（永平仓）等一系列以“颜值”与“内涵”并重的建筑。以盐步老龙为魂、以城市美学元素为主导，这里把现代设计理念和传统风貌建筑深度融合，共同塑造“中心大沥”文旅之景。

“1432”不仅是老龙的建造时间，也是“一世相爱”的谐音，让人们在游览其中的时候，与浪漫撞个满怀。

本次“DALI So City”TIC泼水音乐节的举办地——TIC时代全球创客小镇艺术中心，同样是灯湖中轴上的网红地标，吸引了广大网友在小红书等社交平台上发布“打卡”攻略。未来，同样在灯湖中轴之上，大沥还将崛起超2.5万平方米城市中轴公园，当中不仅有以“黄橙+粉紫渐变”为主题色的网红醒狮球场，更有全球最高、最大的醒狮艺术装置“狮门”，未来将成为大沥的城市门面担当。

情绪价值

给人们最city的生活美学

当大沥开始懂浪漫，它便开始让自己拥有一个更加有趣的灵魂。

在这次“DALI So City”TIC泼水音乐节现场，参与互动的市民可获得梧桐本色提供的品牌定制内衣及南海区民政局婚姻登记处定制的“喜善”礼包，让甜蜜加分；“爱就要说出来”浪漫表白环节中，水池里所有人手牵手一起倒数，荷尔蒙弥漫在空气中；而《有点甜》《爱你》《恋爱ing》等歌曲也把浪漫元素拉满，让每一位参与者都感受到了爱的“沥”量。

此次“DALI So City”TIC泼水音乐节的举办，将进一步巩固“网红大沥”的品牌形象，吸引更多人前来体验大沥独特的城市生活美学，为千灯湖中轴文旅商贸集聚区的发展注入新活力。

泼水音乐节、“月姐说媒”稻田音乐节、超模时尚秀、烟花晚会浪漫告白……如今，在大沥的闲暇生活中，你总能找到满满的仪式感。

近年来，越来越多的地方热衷于“造节”引流。在这方面，“网红大沥”的经验可谓越发成熟。这两年，大沥已成功打造“网红之城中心大沥”灯湖中轴音乐季、新春“六大盛景”、大沥端午龙舟季“十景”等系列活动，集中展示大沥优秀传统文化、都市文化和城市环境，也让人们感受大沥最City的生活美学。

线下活动精彩纷呈，线上的感动也不曾停歇。从大沥首部都市爱情微电影《遇见你刚刚好》，到浪漫微视频《遇见大沥，一场爱的citywalk》，再到唱响全网的《你好大沥》MV……大沥不断创新方式方法，不留余力地宣传这座城市的魅力与吸引力。

正是有了这些美好的事物，才使得更多人对大沥“心向往之”。这一切，其实背后都是同一目标：大沥努力以行动打造城市文化新名片，用潮玩和活力的城市氛围，向年轻人、向人才“浪漫告白”。

发挥实力
立足优势推动“甜蜜经济”升温

当大沥开始懂浪漫，它便开始进一步发挥自己的产业实力。

作为“佛山最大的一站式海洋亲子乐园”，位于大沥灯湖中轴的南海海洋亲子乐园不仅是亲子的游乐好去处，也是情侣们热衷的约会地。在这里的美人鱼剧场中，便讲述了王子与美人鱼的爱情故事。今年七夕，运营方还精心推出了“心语传情”活动，把浪漫元素融入商业运作中。

7月18日，南海海洋亲子乐园正式开业，首个周末就迎来客流约7000人，营收超65万元。另一个样本则是同样在今年才开业的广佛最大室内亲子娱乐中心——多元宝贝世界。这里在暑期平均每日接待游客超过700人次，周末单日可达2000人次。

浪漫实际上也是一种文化氛围，并能衍生出消费、社交等一系列有助于城市发展的功能。这不仅能助力城市营商环境的塑造，更能进一步汇聚消费人气、加速聚集商气、推动发展提气，从而提升城市的竞争力。自2023年以来，灯湖中轴音乐季已成功举办15场活动，吸引超300万人次参与，带动消费超10亿元，成为大沥文旅经济的强劲引擎，为"中心大沥"的高质量发展注入新活力。

如今，佛山多地正积极推动"甜蜜经济"的发展。"甜蜜经济"涉及"购、礼、宴、住、游"消费体验，涵盖了文旅、服装、婚庆、宴会、礼品、汽车、家电、家居等40多个相关行业，全国市场规模超万亿元。以"甜蜜经济"为支点，撬动现代服务业的升级，成为国内很多城市的共同布局。

作为有着数百年商贸基因的地方，大沥有洞察市场需求的基因，有深厚的产业基础与服务创新能力，发展"甜蜜经济"拥有足够的优势：大沥镇内有超过40家专业市场，商品资源充沛；大沥也有传承了近百年的联记饼家等商家，见证了广佛地区无数对新人的幸福时刻；大沥城市商业综合体、酒店餐饮业发达，商圈人气鼎盛；大沥文旅策划经验丰富，体验场景不断扩容……

可以说，通过实际行动诠释着"遇见爱情，从这'沥'开始"的美好愿景，大沥推动"甜蜜经济"不断升温，在满足当下年轻人多元化、个性化需求的新消费方式，进一步激活文旅消费市场的同时，也有助于吸引青年留在大沥成家立业。

浪漫的风，显然已吹遍了中心大沥。

4. 南方日报：《千灯湖公园商圈，大沥动起来了》

打造全国领先的公园商圈，佛山南海大沥正大踏步前进。

2024年4月27日，“双狮舞动　艺企同行”千灯湖中轴文旅商贸集聚区主题沙龙在大沥灯湖中轴公园的保利天珺项目举行。南海区、大沥镇相关负责人以及智库专家、艺术家、企业家等齐聚，共绘以艺术赋能城市、赋能灯湖中轴、赋能文旅商贸发展的蓝图，现场发布灯湖中轴新地标“狮门”项目，并举行石门灯湖中轴学校签约仪式。

这是千灯湖中轴文旅商贸集聚区、千灯湖公园商圈的构想由南海区委提出以来，在镇街层面的首次正式落地。根据初步设想，南海计划以城市中轴线为基础，将商业综合体、专业市场、电商等商贸业态与公园相结合，融入“POD”（公园导向开发）理念，在全国率先打造一个高品质、大规模的公园商圈，成为一个样本。

4月初，南海区开展了大沥专业市场改造提升暨灯湖中轴文商旅发展规划调研，并把座谈会放在了大沥。他表示，当前公园商业在许多城市一点一点地兴起，但是还没有地方将公园商业作为一个系统来打造，因此南海可以率先抢占公园商业的新赛道。

通过城市中轴线上的一系列重大项目建设，以及策划灯湖中轴音乐季等一系列品牌活动，大沥将自身发展与灯湖中轴深度连接在一起。

千灯湖公园商圈的高规格谋划，让大沥“过河进湾”有了新的契机。城市美学是大沥推进相关工作的主要着力点之一。在活动现场，大沥文化艺术地标“狮门”艺术装置项目正式发布。国家级狮头彩扎代表性传承人黎伟嫡传弟子、大沥城市美学顾问、广东省醒狮产业研究院院长欧琦辉在现场讲解了其设计理念和主要结构，该项目2024年6月动工，同年内完工。

5. 珠江时报：《省佛通衢焕新颜，“盐步老龙”变“潮龙”》

在金黄的稻穗中，潮流动感的乐队演奏轮番上演；伴着阵阵稻香，时尚与潮流结合的T台秀展示了盐步内衣的风采……2022年11月13日，在大沥盐步龙涌农田片区超6000平方米的金色稻田里，大沥首届“稻”文化音乐会正在奏响。

“这是盐步的高光时刻，盐步正昂首阔步登上有史以来最大的舞台。”在大沥首届“稻”文化音乐会落幕的第二天，大沥镇盐步社区党委书记刘霭仪忍不住在朋友圈里发出了这样的感慨。

刘霭仪口中的舞台，正是大沥在11月13日启动的“盐步老龙1432”项目建设。当天，大沥在盐步社区开展首届“稻”文化音乐会，还重磅发布《大沥镇文化旅游体育发展“十四五”规划》。

大沥计划以老龙文化为魂、以现代服务业为根，通过活化百里芳华盐步老龙示范区及周边区域，打造集办公、娱乐、休闲、观光于一体的城、产、人、文融合的标杆文旅创意产业项目。

此举其实有章可循。紧邻广州荔湾、更是省佛通衢核心地段的盐步片区，不仅孕育了590多岁的盐步老龙，还有发达的内衣产业。2019年，南海区获批广东省城乡融合发展改革创新实验区，盐步片区成为南海区城乡融合发展改革创新实验区试点。因此，盐步片区有着能形成下沉消费者聚集以及人才回流的“虹吸效应”的先天基础。

这意味着，这个位于省佛通衢重要节点、具有深厚历史底蕴的大沥镇盐步片区，正迎来新的发展机遇。而大沥也正努力让

“盐步老龙”变身“潮龙”，逐步引领构建城、产、人、文融合发展的新格局。

文化是一座城市的DNA，也是一座城市的灵魂与根基。近年来，大沥积极以文化赋能，先后重点打造了邹伯奇展示馆、镛正堂铜文化中心、南海黄飞鸿武术龙狮训练基地以及广佛智城西洋艺术馆等一系列文化产品，以优质的文化产品滋润群众的生活。

6. 新快报佛山新闻：《期待！“590岁盐步老龙”文创项目将“变身”4A景区！广佛交界将再添一网红打卡点！》

众所周知，龙舟是珠三角最盛大的民间文化活动。但鲜为人知的是，南海大沥盐步社区历史悠久，沉睡于此的盐步老龙是中国现存最古老的龙舟。每年端午时节，这里热闹非凡，人们慕名而来，只为一睹老龙的尊容——“老龙出水”。

近年来，“盐步老龙礼俗文化”成为南海区乃至佛山市风俗礼仪文化的标杆，被列入广东省第四批非物质文化遗产项目名录。

盐步老龙不仅是当地龙舟文化的精神传承，更承载着广佛两地的悠悠情谊。多年来，它与广州泮塘龙船结契的故事一直为人津津乐道，以龙船为纽带，盐步老龙与广州泮塘、坑口、茶滘等地建立了深厚的情谊。“五经魁”“播液发灵”牌匾等故事流传至今。

如今，南海大沥把这条老龙作为文化IP，推出“盐步老龙1432”项目建设。项目共分四期，力争两年内完成项目改造。第一期计划投资约2540万元，以打造老龙文化广场为核心，并沿龙涌河道提升一河两岸环境，包括市民玩乐公园、藏龙景观文化和游龙网红河岸等三大主题区，计划打造老龙主题乐园、老龙文化长廊快闪展览、涟漪水纹灯光龙息桥、老龙粤语文字公园、星光露营市集区、七彩龙鳞风动走廊、夜光音乐旱喷广场等一系列好玩、好看、好住、好赚的游乐打卡点。

7.“南海大沥”公众号：《佛山版“圣托里尼”！蓝白空间、网红水岸……就在大沥→》

如果记忆有颜色
那这个夏天一定是蓝色的
不出远门
就仿佛置身希腊爱琴海的圣托里尼
跨过河涌上面的小桥
瞬间穿越进一个
蓝色与白色编织而成的童话世界
建筑共有三层
首层是全白的风格
二层有一个超大露台
三层是一个超显眼的蓝色小露台
站在露台上
向日葵、高楼、河涌、蓝天白云
尽收眼底！随便一拍就非常出片
这个小“圣托里尼”
是“盐步老龙1432”项目建设工程之一
未来将会引入网红餐饮等业态
河涌上蓝天白云
白色的房子、蓝色的房顶

佛山版「圣托里尼」！蓝白空间、网红水岸……就在大沥→
💙💙💙💙
如果记忆有颜色

宛如油画里的景色走进了现实
家门口的小“圣托里尼”
非常期待！为夏日打卡

8. 南方日报：《南方视评｜一座城市客厅，一个城市理想》

今天，我们来关注南海大沥。刚刚，大沥启用了一个1800平方米的展馆，名字很有意思，叫“大沥城市客厅”。

亲历者说

大沥镇工程建设中心主任　李婷：

用文化地标支撑人文经济

改革开放后，大沥的产业和建设多是放任发展，发展多借助区位优势，缺乏系统的规划统筹，粗放式的建设与发展导致如今没有能够吸引高端人才工作创业、居住生活的良好环境。为了改变这样的状况，我们必须做好文化旅游项目的建设，并且通过有谋划的宣传打响招牌。

近年来，大沥十分注重城市文化地标项目的建设。例如石门中学鱼跃广场，特地选取鱼跃龙门，金榜题名之意，利用陶瓷画、雕刻等方式描绘“鱼跃龙门”的场景，寓意莘莘学子努力进取，向广阔的大海跃进，亦可以站在亲水平台之上，凭栏远眺珠

大沥以“盐步老龙”文化IP打造网红公园

江美景，展望美好人生。

又如“盐步老龙1432”项目，我们希望以老龙文化为魂，通过活化百里芳华示范区，打造一个集办公、娱乐、休闲、观光于一体的城、产、人、文融合的标杆文旅创意产业项目，将盐步珍贵民俗文化与存量物业进行整合，通过年轻化演绎“老龙文化”，打造一个“潮龙”的IP形象。

又如积极构建“五纵三横”镇域骨架路网，建成谢边跨线桥、富康路四期，推动海景大道东、河东中心路、北村公路等主干路网建设，加快形成高效快速的主干路网体系，夯实城市“硬基础”，助力提升文旅“软实力”。

2023年，大沥组织了赴上海、浙江的考察。上海的城市形象的特点，一是素雅整洁的时尚风格，二是完善的配套服务，三是非交通车道的贯通。建设的核心理念是服务，以人为本。其在城市形象和城市品质上的打造，也值得大沥学习借鉴。

未来，大沥将进一步促进文旅体融合发展，打造超10万平方米的大沥文体中心，以及打造“狮门”艺术装置项目等更多的文化地标，更好地支撑南海人文经济的发展。

三、主动“造节”，促进消费经济发展

大沥是人口大镇、商贸大镇，发展消费经济有着天然优势。近年来，大沥以文化为纽带，以宣传为助力，积极打造了各种节庆活动，起到了促进消费、助力产业发展的作用，同时也有效提升了城市的文化凝聚力和全民拼经济的信心。

瞄定高质量发展这一目标，大沥镇牵手重点企业，举办以城市区域为主题、融合产业发展的“网红之城　中心大沥”灯湖中轴音乐季，实现政企联手“造节”，水平高、跨度大、影响广，已成为佛山镇街文化领域的现象级品牌。

灯湖中轴音乐季是一个以音乐为主题的活动，旨在展示大沥作为

大沥灯湖中轴音乐季

中心城区的独特氛围和城市升级的进展，活动选择在“灯湖中轴”周围举办，这一区域是大沥城市升级的主战场，也是南海中心城区发展的主轴。

从活动内容来看，灯湖中轴音乐季不仅是一个音乐活动，更是一个城市营销案例。通过吸引大量市民和游客参与，提升了城市的人气和流量，展示了城市的发展潜力和未来的前景。同时，活动也着重展示了“年轻人含量”，表明大沥对年轻人的吸引力，这对于一个城市的发展至关重要。

在创新性和亮点方面，灯湖中轴音乐季也有很多值得称道的地方。例如，活动现场的布置充满创意，让人眼前一亮；音乐表演不仅包括传统的音乐形式，也有很多新颖的表演形式，如电音、摇滚、时尚走秀等，满足了不同年龄层和不同口味的观众的需求。此外，活动还设置了一些互动环节，让观众可以更深入地参与到活动中来。

灯湖中轴音乐季也为大沥镇的发展注入了新的活力。通过这一活动，更多的人了解了大沥镇的发展潜力和未来的前景，这对于吸引更多的投资和人才都具有积极的作用。同时，活动也为市民和游客提供了一个以音乐为主题的社交平台，加强了人与人之间的交流和互动。以2023年9月16日“TIC水上音乐节”及10月1日“TIC草地音乐节”为例，这两场活动让时代创客艺术中心到访人流量明显增长。

从2024年初开始，大沥就打出了“龙行龘龘　网红大沥”文旅品牌，并谋划了一系列的文旅盛会、推出了一系列文旅项目。2024年5月1日，2024灯湖中轴音乐季首场活动在时代创客艺术中心举行，带动其五一期间商品房销售额超1亿元。而除了原有活动品牌，大沥还新谋划了盐步秋茄文化节等活动，希望以“狮门”等地标项目的建设，带动时尚秀

2024年大沥镇首届盐步秋茄文化节

常态化开展、全国性模特大赛落地。

2024年5月30日，大沥举行“寻味佛山 只此秋茄”首届盐步秋茄文化节暨盐步秋茄宴团购活动。大沥希望，通过举办盐步秋茄文化节，促使商家、酒楼推出更丰富的秋茄宴及团购优惠，激发农户更强的种植意愿，以“商户+农户+客户”，全链条带动大沥文旅消费高质量发展。

2024年11月16日，“湾区时尚之夜”2024大沥稻田音乐节暨超模时尚秀在盐步龙涌百亩稻田上时尚开秀，不仅有校企合作和内衣时尚秀的精彩呈现，还吸引了时尚界顶级大秀“魅力东方·中国国际内衣创意设计大赛”亮相。这是稻田音乐节连续第三年举办，也是2024南海区文旅发展大会后，首个由镇街主办的大型演艺活动，吸引线上线下50万人围观、点赞，有力推动了佛山时尚产业的发展。

城市年轻人口的占比与城市发展之间存在密切的关系，年轻人口通常具有较高的活力和创造力，对于城市的经济发展、科技创新、文化繁荣等方面都有着重要的推动作用。不同城市因为年轻人口的数量和质量的不同而呈现出不同的发展特点和发展潜力。因此，大沥更加重视年轻人口的涌入对于城市发展的重要性。

生活味、艺术味和城市味兼具的城市，往往最能聚集人气。尽管大沥的城市品质还有提升的空间，但兴旺的商贸和极具烟火气的氛围，使得大沥的人口密度一直仅次于南海的主城区桂城街道。而这些轮番上演的文化活动，也是大沥为年轻人打造好吃、好玩、好看、好住、好赚、好开心的大沥所做出的努力。

结合青年人群的喜好，广佛萌宠音乐节、万人泼水节等一系列节庆活动在大沥策划举办，擦亮灯湖中轴文旅品牌。

实践案例

用文旅的力量，提升城市活力与影响力

◎策划思路

灯湖中轴作为佛山中心城区建设的突破口，承载着大沥未来发展的无限可能。大沥镇紧紧抓住这一历史机遇，以灯湖中轴为载体，创新性地打造了一系列文化节日活动，旨在激发城市活力，推动经济繁荣，提升城市品牌形象。

首先，用灯湖中轴音乐季奏响城市文化的交响乐。灯湖中轴音乐季是大沥镇的一项创新实践，它不仅是一场音乐盛宴，更是一次城市文化的深度融合。该音乐季以“中心大沥”战略为核心，打造成为南海区唯一以城市区域为品牌的音乐节。这一活动由政府主导、企业举办、全民参与，旨在为企业赋能引流，促进夜间经济消费，加快推进文化、艺术、消费等多元要素的融合与交流，进一步提升城市的活力与影响力。

自2023年8月中旬启动以来，灯湖中轴音乐季通过政企联动，吸引了区域多家热心企业、园区的主动支持。沥城之声“冠军之夜”、TIC草地音乐节、金沙洲电音狂欢节、保利天珺年代金曲夜等一系列活动持续发热。2023年，音乐季期间共吸引了超过300万人次的观众参与，有效带动了周边商圈的消费热潮，夜间经济收入同比增长了15%以上。

其次，引入灯湖中轴房博会让产业与文化交融。在灯湖中轴音乐季的映衬下，灯湖中轴房博会成为另一大亮点。这里集结了多家实力品牌房企，展示了优势项目、优质房源、优惠信息，为群众提供了一站式的看房、选房、购房等便民服务。首付3万起、购房低至97折的优惠政策，极大地激发了市民的购房热情。据统计，一场房博会销售额超8.2亿元，为大沥的房地产市场注入了新的活力。

同时，通过融媒体互动，打造声势浩大的宣传阵势。为了扩大灯湖中轴音乐季的影响力，本次音乐季还在多家媒体进行报道，形成了强大的宣传阵势。“南海大沥”官方公众号开通了“灯湖中轴”专题，通过图文直播、短视频、互动问答等多种形式，让市民能够实时了解音乐季的最新动态，参与到活动中。此外，通过与主流媒体的合作，音乐季的新闻报道覆盖了超过50家网络平台，总阅读量突破了500万次，有效提升了大沥的城市知名度和影响力。

通过成功举办灯湖中轴音乐季系列活动，大沥不仅在文化建设和产业发展上取得了显著成效，更在市民心中树立了积极向上、充满活力的品牌形象。这些活动的成功，不仅为大沥带来了经济效益，更为大沥的文化自信和城市精神注入了新的内涵。

◎**媒体报道（摘要）**

1. 人民日报客户端：《南海大沥：稻田里走来“时尚之夜”》

11月16日，“湾区时尚之夜”2024大沥稻田音乐节暨超模时尚秀在盐步龙涌百亩稻田上时尚开秀，这也是南海区文旅发展大会后的镇街首个大型演艺活动。

活动分下午和晚上，分别举行“金色的浪漫”“湾区时尚之夜”两场不同主题的稻田音乐秀和超模时尚秀。在金黄的稻田上，40名超级模特从T台走出，开展“盐步内衣”品牌联展。演出过程中，让观众们耳熟能详的歌曲依次响起，流行、歌剧、摇滚、电音，各类风格艺术轮番上演，带动现场气氛走向高潮。

与以往两届稻田音乐节不同，今年吸引了时尚界顶级大秀“魅力东方·中国国际内衣创意设计大赛”亮相，此外，来自广州的“非遗”香云纱也被大沥的稻田音乐节氛围所吸引，参与到超模展示环节，给佛山市民带来不一样的视听盛宴。

2. 南方日报：《南海大沥：一个音乐季，一座网红城》

聚焦城市文化，南海大沥正在进行一场全面升级。

8月18日晚，“网红之城　中心大沥”2023灯湖中轴音乐季在广佛智城启动。这是大沥打造南海灯湖中轴北延的系列动作之一，也是“中心大沥”战略提出新文化战线相关行动以来，大沥以文化推进城市升级的又一重磅举措。

近年来，大沥在传承和发展传统文化的同时，结合直播电商等新兴产业的发展，致力于培育本土“新潮文化”新优势。围绕灯湖中轴举办的系列音乐节，正是网红之城的体现。2023灯湖中轴音乐季作为大沥下半年重点打造的本土音乐品牌，在立足区位、产业、文化的核心优势下，充分挖掘文化在润城、聚力、兴业等方面的重要作用，将城市“文艺范”和音乐节“时尚潮”互相嵌入。

8月18日的首场音乐节，以“潮玩”为主题，融合乐队、街舞、市集、乐园、健身等多样化元素，兼具时尚潮流与青春活力。当晚，由大沥本土青年打造的Young乐队超燃开唱。随后，街舞表演、DJ打碟、尊巴舞等轮番上演，现场氛围拉满。绚丽的舞台场景、动感的节奏、“嗨翻”的氛围，让观众不自觉地挥舞起双手，跟随音乐节奏欢呼摇摆。

此次音乐节现场还有特色美食市集、智汇乐园、共享单车活“沥”环绕赛，市民在享受音乐狂欢的同时，能够品尝特色美食、参与健身游戏，吃喝玩乐“一网打尽”。附近更有佛山最大的东南亚风情夜市星州夜市，包含小吃、文创、手工DIY……在大沥沉浸式体验东南亚风情，深度领略灯湖中轴魅力。

“‘中心大沥’的新文化战线，就是通过文化升级，将文化作为支撑社会经济发展的精神内核，赋能大沥产业和城市的转型升级。”大沥镇相关负责人表示，当前大沥正在持续打造网红平台、网红空间、网红产业，助力大沥由“网红”变身“长红”。

一个音乐季，一座网红城。文化是城市的灵魂，音乐既是视听的享受，也承载着市民对美好生活的向往。未来的几个月，大沥的城市魅力、现代活力将更加彰显。

3. 南方日报：《大沥，是懂浪漫的》

《风的季节》《给我一个吻》《童话》《不要自作多情去做梦》……10月22日晚，在佛山南海大沥灯湖中轴公园，多首耳熟能详的年代金曲被全新演绎。

这是“网红之城　中心大沥”2023灯湖中轴音乐季（第七场）保利灯湖天珺年代金曲夜的现场。当天，作为城市新地标的灯湖中轴公园一期正式启用，多家品牌企业参与的2023灯湖中轴房博会也拉开帷幕。

音乐是时代的缩影。当天的活动以年代怀旧为主题，分为“80年代：醒”“90年代：闯”“00年代：新”“当今时代：潮”四个篇章，通过经典歌曲、走秀、情景舞蹈等艺术形式再现时代风采。

对于大沥来说，过去几十年的高速发展带来社会生活、流行娱乐等各方面的变化，每个时代的奋进努力在各个时代的音乐中体现得最为直观。如在处于改革开放初期的80年代，哼唱最流行的港台音乐，是当时大沥年轻人时髦的体现；如今的时代，伴随新经济的勃发，大沥抓住互联网腾飞的机遇，逐步从“商贸名镇、黄金走廊”转到“网红之城　中心大沥”。

音乐会现场举行了2023灯湖中轴房博会参展企业授牌仪式。当天，2023灯湖中轴房博会也在灯湖中轴公园启幕。房博会集结大沥多个实力品牌房企，展出多个优质楼盘，优势项目、优质房源、优惠信息一网全通，为群众提供一站式看房、选房、购房的便民服务。

4. 南方日报：《城市稻田×冠军歌手，“网红大沥”超燃！》

11月11日晚，“网红之城 中心大沥”2023灯湖中轴音乐季·稻田音乐节在佛山南海大沥盐步龙涌稻田举行，梁玉莹、东山少爷等知名歌手，以及杭州亚运会“淡定哥”等网络红人助阵。梁玉莹带着前一天才发布的新歌《日月》在现场进行了全球live首秀。

音乐节现场还举行了“盐步老龙1432”项目（一期）启用仪式、“盐步老龙1432”项目运营合作协议签约仪式。舞台一侧设置了车展和美食市集。音乐节场地附近，为期8天的岭南车天地“汽车消费节”于当天同步启动。11月12日晚，大沥还将举行2023灯湖中轴音乐季第九场活动——盐步内衣超模时尚秀。

“灯湖中轴音乐季”是南海区唯一以城市区域为主题的大众音乐文化品牌，是“政府主导、企业出资、群众参与、全民共享”的“文化+城市+产业”的主题式音乐节。截至目前，灯湖中轴音乐季活动已连续举办8场，吸引超百万人次关注，直接或间接带动消费超9亿元。

在2022年的稻田音乐节上，大沥启动了大沥镇“盐步老龙1432”项目建设。“盐步老龙1432”项目（一期）工程占地总面积约258亩，总投资约3亿元。

经过一年的建设，“盐步老龙1432”项目（一期）工程六大主体项目已经建设完成，包括盐步老龙文化公园、盐步龙沙涌口袋公园、龙涌村休闲花径公园、盐步大涌一河两岸市政提升工程、盐步社区龙涌网红步行街景观路线、盐步社区龙一村停车楼，景观、建筑、文化融为一体，打造了一大批传统和现代兼容、颜值与内涵并存的城市美学空间和休闲公园。如今，这里已成为盐步片区的拍照游玩的热门去处，拍照打卡超“出片”。

盐步老龙是“中心大沥”闪亮的文化名片，也是广佛同城的纽带之一。大沥镇将依托“盐步老龙1432”开展更多文旅创意产业项目，让更多人感受到盐步老龙和大沥的城市魅力，全面助力“水上南海”建设。

随着一系列重磅活动的举办、重要载体的建成，一众投资商将目光聚焦到灯湖中轴尤其是南海艺术中心片区，这里已成为大沥镇及南海区最火热的投资热土之一。今年1月至今，大沥累计摘牌落地产业用地15宗，面积共约2052亩；成功出让商住用地5宗，总面积约317亩，出让金达75.9亿元，充分彰显大沥城市区域价值的兑现力。

5.“南海大沥”公众号：《CCTV-2正点财经聚焦大沥稻田上的非遗时装秀》

11月18日，CCTV-2正点财经栏目聚焦2024大沥稻田音乐节暨超模时尚秀。报道称：当地青年大学生组织了稻田上的非遗时装走秀，把岭南特色的香云纱、南海藤编设计成国潮时尚的新风格，推广当地特色乡村文化。

6. 南方日报：《从探索到争先：南海人文经济示范区的“大沥战法”》

“以咬定青山不放松的韧劲，建设更具人文特质的现代化活力新南海！”

1月10日举行的佛山市南海区委十四届九次全会暨区委经济工作会议，提出奋力打造人文经济示范区，在新年伊始吹响了深化人文经济学的强音。作为南海发展的重要基石，镇街在很大程度上影响着南海人文经济示范区的成色。

大沥是其中的探索者。在南海区委正式提出发展人文经济学后，大沥是最早进行落地响应的镇街。2024年不仅是“南海人文经济元年”，更是大沥文旅体活动最丰富、文商旅项目开花落地最多的一年，不断探索人文鼎盛与经贸繁荣的互促共进之道。

大沥更是其中的争先者。从新春“八景”、端午“十景”的火热出圈，到一批大湾区“首店”、华南“首个”、灯湖中轴“首座”的拔地而起，再到公园商业、城市美学等领域的超前引领，大沥在南海镇街中、乃至在粤港澳大湾区中，积极以人文经济学抢先进位。

领风气之先、创改革之先，大沥百尺竿头更进一步。大沥正以人文经济学为统领，全面落实“13312”行动计划，围绕“百县千镇万村高质量发展工程”这个1个平台，按照城乡共融、改革转型、安稳人和3条工作主线，聚焦资金、土地、队伍，力推12个方面行动，把“中心大沥”一张蓝图绘到底。

在南海打造人文经济学示范区的征程上，“大沥战法”的含金量继续上升。

领风气之先：人文艺术遍大沥

“文化发达与经济领先同时出现在一些发达地区，这些特点是现代主流经济学不太关注的，也是无法准确解释的。”清华大学教授胡钰在《人文经济学的实践基础、基本假设与核心理念》一文中提出。

2024年，南海提出要把人文经济作为新一轮改革发展的突破口，率先在大湾区探索文化与经济交融共兴的实现路径、实践样本。

在大沥这个产业重镇，人文艺术之风早已拂遍大地。

就在1月10日的区委全会举行前两天，1月8日，一场当代中国书画名家邀请展在大沥新开馆的梵华美术馆举行，全国20多位书画顶级大师的精品力作免费向公众开放。

这是大沥2024年人文艺术火热氛围的延续。这一年，大沥首次发布文旅体活动主题“龙行龘龘　网红大沥”，对人文艺术动能来了一次深刻的激活。

在传统文化领域，大沥醒狮盛会、烟花汇演、迎春花市等新春“八景”全面复办，锦龙盛会、龙母诞、欢乐徒步端午“十景”火力全开，引爆了氛围。例如对于盐步老龙，2024年5月17日至5月20日，全网直接的相关信息共962条，包括视频信息450条、客户端信息279条等，总阅读量近百万。

在现代人文领域，灯湖中轴音乐季、稻田音乐节闪亮大沥这一年，大沥还收获了全国“最佳网球社区”“最佳基层网球组织负责人”等荣誉。其中，灯湖中轴音乐季是在2023年取得成功之后延续举办，已成为大沥乃至佛山南海重要的城市IP之一。

在产业文化领域，盐步秋茄文化节、内衣时尚秀等活动让大沥更加吸睛。其中，2024年11月16日的“湾区时尚之夜”，不仅有校企合作和内衣时尚秀的精彩呈现，还吸引了时尚界顶级

IP“魅力东方·中国国际内衣创意设计大赛”亮相。在这背后，大沥发达的内衣产业天然地与时尚密切关联，有艺术品味、有文化内涵、有年轻活力、能凝聚人气和流量。

自古以来，大沥文风鼎盛、人杰地灵、名家辈出，哺育了邹伯奇、冯乃超、钟麟等众多历史名人。大沥粤曲、摄影、醒狮、书画、诗歌在全国享有盛名，先后荣获中国龙狮运动名镇、中国民间文化艺术之乡、中国摄影之乡、广东省民间文化艺术之乡等称号。

到今天可以说，无论何时，想要感受人文艺术的魅力，到大沥准没错。

创改革之先：人文经济的“项目为王”

人文经济，出发点在人文、落脚点在经济。

“南海提出打造人文经济示范区，是符合经济规律、发展经验与系统思维的。”

2024年的最后一天，大沥灯湖中轴滨江夜经济潮玩街区启动，涉及“灯湖PARK”滨江公园（暂定名）、“佛山不夜岛”水上秀场、颜夕营地三个重点文旅项目，总面积超13万平方米，计划2025年上半年投入运营。其中，“佛山不夜岛”将打造广东首个以内衣秀为主题的水上秀场、华南首个水上时尚秀场主题酒吧。

更早之前，在这一年中，佛山最大室内亲子娱乐中心南海多元宝贝世界、佛山最大海洋馆南海海洋亲子乐园顺利开业。九龙park欢乐世界建成试业，南海城市中轴首座摩天轮在大沥拔地而起。乐运体育、鹿尔花园等一批全国知名文旅IP的“大湾区首店”纷纷宣告落户大沥。

其中，大沥鹿尔花园项目占地面积约71亩，将打造一站式微度假目的地、户外生活美学空间，成为高颜值、高品质精致优美城市休闲微度假后花园，预计年亲子家庭及年轻消费群体客流量约25万—30万人次。项目运营方柔水文旅董事长、鹿尔花园创始人蔡尔发希望，“一炮打响，成为广佛新文旅、新消费示范标杆。”

外行看热闹，内行看门道——“项目为王”，这句话在任何领域都适用，大沥发展人文经济也是这样做的，但是大沥是如何做到的？背后有哪些创新思考？这才是最为重要，也最具示范价值的。

“盐步老龙1432”项目，可以说是大沥人文经济创新改造模式的一个典型。该项目落地推进过程中，实现了“三大探索”，即探索公资老旧物业改造升级新路子、探索公资系统“分润模式”新思维、探索城市美学推动城产人文融合。如今，一批传统和现代兼容、颜值与内涵并存的城市美学空间和休闲公园汇聚在这里，成为拍照打卡的热门去处。

九龙park欢乐世界项目，是大沥人文经济创新运营模式的一个典型。该项目实现了“三个引领”，即以主理人经济引领公园商业发展、以全龄友好引领城市品质提升、“以园养园”引领城市可持续运营。该项目建成的南海灯湖中轴首个摩天轮，成为南海城市中心的一道新风景。未来项目开放后，预计平日流量超过1万人次，周末流量2万—3万人次，节假日流量5万—8万人次。

千灯湖主理人学院，是大沥人文经济创新产业宏观规划模式的一个典型。其作为广东首个主理人学院，也是南海区主理人发展的重要孵化平台、服务平台，将从大沥出发，率先探索“公园+主理人+商业”的新商业模式，助力南海建设千灯湖中轴文旅商贸集聚区，打造湾区文商旅消费新高地。目前，“公园+主理人+商业”的新商业模式正在广佛智城、“盐步老龙1432”项目、九龙park欢乐世界项目中试行。

可以说在南海，人文经济不仅仅是理念的创新转型，更是一个个重大项目在支撑、在引领。在这个过程中，大沥作出了自己的示范，践行了产业大镇、中心城区的担当。

7. 南方日报：《盐步秋茄里的人文经济学》

“种了20年的盐步秋茄，从来没有像今天这样备受关注。”刚刚被评为“盐步秋茄种植能手”的农户代表梁伟鸿很是骄傲。

盐步秋茄是佛山南海大沥盐步地区的特色农产品，有“一身清淡百味香”之称，栽种食用历史已达三百余年。2024年5月30日，“寻味佛山　只此秋茄”大沥镇首届盐步秋茄文化节暨盐步秋茄宴团购活动启动，在端午前夕让这道美食成功“出圈”。

这不是一次普通的文化节、美食节，而是大沥以“美食+文旅”打造特色文化IP，响应佛山激活“十大传统文化”举措、推动南海高水平农业发展的又一探索。

美食向来是拉动旅游消费的重要动力。要使秋茄从田头到餐桌成为一道美食，除了在种植上要付出汗水、精心培养，也离不开餐饮企业在菜品的开发和研制上的用心和创新。当天活动现场，餐饮商家们展示了自家特色秋茄宴，让人目不暇接。长润餐厅、文宝酒楼、丽景酒楼、聚豪美食、诚丰美食等5家大沥酒楼荣获“盐步秋茄宴特色餐厅”牌匾，共同推出60多种秋茄团购菜式。

年初，佛山首次提出要激活包括美食在内的“十大传统文化”。为什么此次首届盐步秋茄文化节，要在端午前夕举办？一方面，这是因为每年的五月至十月是盐步秋茄的成熟期，秋茄在端午前后开始逐渐走上人们的餐桌。另一方面，更是因为盐步秋茄见证着一段广佛龙舟文化传承交流的历史。

基于盐步秋茄这一传统美食，大沥深化文商旅体融合发展，打造首届秋茄文化节，集中展示从种植、选材、食用到寻味等全过程，希望让更多人了解和品尝到盐步秋茄，进一步打响“盐步秋茄”区域品牌。大沥要的不仅是一场热闹的活动，更期待更多人发现盐步秋茄，带动相关的种植、研学、文旅、消费等。

8. 南方日报：《刘成：聚焦人文经济，打造“三周”微文旅》

随着暑期的到来，佛山文旅市场迎来了一年一度的消费旺季，正在大力推进人文经济发展的南海也开启了“暑期模式”。

大沥是南海的经济大镇、商贸之城，传统文旅资源其实并不丰富，但作为千灯湖中轴公园商圈中的发展板块之一，笔者认为大沥也有自己的人文经济之路——打造聚焦周围群众、周末消费、周边产品（即“三周”）的“微文旅”模式，将美学和艺术融入到居民日常和经济发展中。

为什么是“微文旅”？大沥拥有40多个专业市场，从业人员超10万人，年交易额超8000亿元，交易品类包括五金机电、金属建材等六大类超10万种商品，吸引来自100多个国家和地区的商家进行各种商贸活动。在这样的背景下，大沥挖掘传统文化、文创商业、艺术赋能就有无限可能，以此为基础发展“微文旅”既符合大沥的实际情况，也将美学、艺术更好地融入大沥的居民身边。

“微文旅”首先聚焦周边群众、拉动周末消费。大沥的实际管理人口超过120万人，其中“广佛候鸟”居多，加上暑期很多学子的回归，很多游客是来自广州、肇庆等周边地区，文旅消费的需求暴增。服务好这些人群就是暑期经济的重点，而开拓文旅消费新场景是大沥的重要抓手。

2024年7月，南海海洋亲子乐园项目开业，首个周末就迎客约7000人，营收超65万元，其中有一部分客流来自广州、肇庆等周边地区，火热“出圈”。白天，这里是带娃一族的避暑游玩好去处；晚上，这里是年轻人交友聊天的集聚地。在千灯湖中轴文旅商贸消费集聚区内，大沥正以独特的风格展现着魅力。

此外，大沥还在推动灯湖中轴公园示范区、TIC艺术营地、海洋王国、“盐步老龙1432”等八大“夏日漫游City计划”，通过灯湖中轴音乐季City Yeah、So city万人泼水音乐节、海洋梦幻之约、奥运主题嘉年华、农文旅研学游、非遗夏令营等超百项精彩的游乐项目，让“文旅旺”带动“消费旺”。

“微文旅”还要聚焦周边产品。作为佛山中心城区，大沥不仅传承岭南广府文脉，有龙舟、醒狮、粤曲、藤编等深厚的传统文化积淀，又有丰富的时尚文化元素、创意。以盐步老龙为例，今年端午期间，大沥结合潮玩元素，加入文旅盖章、慈善市集、巡游等活动，推出盐步老龙专属定制文创产品，让市民们能够参与其中。除此之外，大沥也在积极推出包括带有醒狮、藤编等文化符号的文创产品，让传统民俗活动玩法更多元潮流、文旅场景更丰富、产业联动更紧密，进一步塑造城市形象、激发青年活力、发展人文经济。这个暑期，大沥也充分利用秋茄这一特色农产品，策划了盐步秋茄文化节，通过“美食+文旅”的创新模式，致力于打造独具特色的文化IP，镇内各大餐饮商家也纷纷打出了秋茄宴的品牌，用琳琅满目的菜品来吸引市民和游客。

接下来，大沥还策划了泼水音乐节、灯湖中轴音乐季、818

电商节等活动，以文旅的繁荣带动住房、酒店、餐饮、交通、零售等相关产业链的发展，形成联动效应。

另外，由于暑期持续性的高温天气，多数市民更偏向于“昼伏夜出”，这也释放出了强大的夜间消费市场潜力，为夜间经济提供了旺盛动能。7月以来，大沥各大商圈人流旺盛，如永旺梦乐城累计客流已超80万人次，周末单日高达6万人次，而其所在的广佛智城商圈也精心策划主题为“智城多巴胺”等系列夜经济活动，建设“夜食”“夜购”“夜娱”“夜游”“夜健”等全场景集聚区，打造特色“夜经济”示范区，辐射带动周边片区协同发展。

发展文旅经济，不仅能为人民群众提供丰富多彩的精神文化生活，也是在激烈竞争环境中为镇街赢得发展优势的突破点。接下来，大沥还将推动大转弯建材机电五金产业城、环球水产品工贸一体项目等多个专业市场升级改造项目落地，加快将“散小乱低”的村级工业园转变为“三生”融合的主题产业社区，根据南海区千灯湖中轴公园商圈发展规划总体部署要求，全力打造一批高品质、沉浸式的文旅消费新场景。

9 珠江时报：《持续点亮大沥夜空　灯湖中轴音乐季为何火出圈？》

方与圆乐队、NoiseBoogie乐队、PQ乐队、大沥YOUNG乐队激情燃唱；《日不落》《喜欢你》《红日》《至少还有你》《夜空中最亮的星》等脍炙人口的经典乐曲在灯湖中轴夜空唱响……随着DJ打碟、音乐狂欢、动感街舞在水上全景舞台的精彩呈现，群众在美的享受中共享中心大沥的潮流音乐盛宴。

“今晚的演出好‘嗨’呀，还有灯光秀和观众互动，很接地气，不同年龄段的群众都能在这里找到自己喜爱的节目并且参与其中。”来自湖南的周白娥在大沥生活工作十多年，第一次参加这样的音乐节活动。听到熟悉的歌曲时，周白娥与朋友尽情“开怀大唱”，“眼前的这幢建筑也很有特色，水上的圆形红砖舞台让演出更有氛围。”

大沥观察 A05

灯湖中轴音乐季第四场——TIC水上音乐节举行，接下来半个月还将举办沥航之声（冠军之夜）和TIC草地音乐节

这是9月16日晚，在TIC时代全球创客小镇唱响的TIC水上音乐节。作为大沥今年启动的“网红之城中心大沥”——2023灯湖中轴音乐季（简称“灯湖中轴音乐季”）系列活动的第四场，该活动当天在线上、线下吸引超15万人次观看和点赞。

自8月中旬启动首场音乐节活动以来，灯湖中轴音乐季已持续点亮了大沥的多个夜晚。它为何会如此火爆？究竟有何出圈之处？

10. 珠江时报：《首办盐步秋茄文化节　打造人文经济“大沥样本”》

大沥观察 A03

首办盐步秋茄文化节

打造人文经济“大沥样本”

近年来，越来越多的地方热衷于“造节”引流。“造节”能给城市带来什么？这不仅是一笔有形的“经济账”，更是无形的“文化账”。依托地方资源和文化特色来“造节”的背后，是一座城市文化价值、社会价值和经济价值的巨大提升。

美食是一种优质的地方文旅资源，带来的消费辐射能力不可小觑。无论是评选最美“观音手指（盐步秋茄）”，还是推出盐步秋茄宴团购季，抑或推出“盐步秋茄宴”制作标准，都充分体现了大沥这个“中国商贸名镇”的发展思路：用产业化的思维发展高水平农业，同时通过深挖盐步秋茄的文化内涵和经济价值，有意识地加强这个美食文化IP的包装，进一步助力文旅消费提质。

当前，佛山正在擦亮历史文化名城品牌，激活粤剧、龙舟、龙狮、陶艺、工匠、美食等“十大传统文化”。基于盐步秋茄这一传统美食，大沥深化文商旅体融合发展，打造首届秋茄文化节，集中展示盐步秋茄从种植、选材、食用到寻味、体验等全过程，旨在让更多人了解和品尝到盐步秋茄，进一步打响“盐步秋茄”区域品牌，推动大沥农业、文商旅产业的发展。

通过“造节”，大沥持续挖掘当地发展人文经济学的“基因”和“土壤”，不断提升消费信心、创新消费场景、促进消费升级，同时有效地塑造城市形象、打造城市名片、扩大城市影响力和提高城市知名度。人文和经济良性互动的“人文经济学”的“大沥样本”，正在不断地丰富和充实着。

11. 人民日报客户端：《佛山南海：首届盐步秋茄文化节开幕》

2024年5月30日，在佛山市南海区大沥镇，“寻味佛山　只此秋茄”大沥镇首届盐步秋茄文化节开幕，大沥借此打造特色“美食文化IP”，助力本地文旅高质量发展。

在首届盐步秋茄文化节上，来自盐步秋茄

迴龙种植基地的农户代表梁伟鸿，与盐步秋茄永平种植基地潘柱成、盐步秋茄龙涌种植基地梁顺志、盐步秋茄龙涌种植基地卢家明一起，接过了“盐步秋茄种植能手”的奖座，也成为第一批得到官方认证的“守茄人”。

盐步秋茄是大沥镇盐步村的特色农产品，有“一身清淡百味香”之称，栽种食用历史已达三百余年。2004年，经国家工商行政管理总局商标局正式核准确认，“盐步黄皮园”秋茄生产基地成为南海第一个农产品商标。每年端午至中秋时期，是盐步秋茄丰收和品鉴的最佳时节。四方食客都会慕名而来，品尝这人间美味。

12. 珠江时报：《网红城市，需要一场怎样的“大秀”？》

在大沥那片充满丰收喜悦的稻田之上，人文艺术与现代产业展开了一场深刻的对话。

11月16日，“湾区时尚之夜”2024大沥稻田音乐节暨超模时尚秀在盐步龙涌百亩稻田上时尚开秀，这也是南海区文旅发展大会后的镇街首个大型演艺活动。大沥这场已是第三年奉上的“美丽经济”盛宴，让人看到了文化、艺术、工业、时尚紧密融合所产生的化学反应。

在“中心大沥”战略中，“时尚消费中心”是其中一个重要定位。站在这样的定位上，提出打造“网红之城”的大沥，到底需要一场怎样的“大秀”？

需要人文气息浓郁的“大秀”

蓝天下，金黄色的稻田闪闪发光。身穿带有南海藤编、香云纱等非遗元素的内衣，身材高挑的模特们踏着音乐节点，昂首迈步向前。

大众旅游时代来临，人们出行的目的不再局限于简单的观光，而是更青睐基于文化积淀、更契合城市人文气质的创新体验。身披中国摄影之乡、广东省民间文化艺术之乡（书画、摄影、传统龙舟、藤编）以及中国内衣名镇等光环，大沥的各种特色文化交相辉映。如今，通过挖掘整合好这些“地标性元素”，以文化特色厚植、以人文艺术沁润，大沥正在让“本地故事”更加触动人心。

如今，人们对文旅体验的要求不断提高。一座城市不仅要有“好看的皮囊”，还要以文化为核彰显“有趣的灵魂”，从而吸引更多人“奔现”。在南海区打造千灯湖中轴文旅商贸集聚区的背景下，大沥镇紧密围绕千灯湖中轴公园商圈发展积极“造节”，打造了灯湖中轴音乐季、稻田音乐节等一系列文体活动品牌，进一步激发人文资源的创意活力和文化赋能的价值动力，以文化持续赋能“中心大沥”的高质量发展。

在这个注意力稀缺的时代，有了志趣相投的“眼缘”，有了直击灵魂的“共鸣”，城市与人的故事才能渐次展开。

需要激发产业活力的“大秀”

与以往两届不同，今年稻田音乐节吸引了时尚界知名大秀“魅力东方·中国国际内衣创意设计大赛”亮相。此外，奥丽侬、莎莲妮、美思、纤妍、姐妹花、塑π、加贝丽、纯真闺蜜、羽诗芬、梧桐本色、华昕、卡她等12个“2024年度盐步内衣时尚品牌”也悉数登场。

作为行业时尚风向标，一场大秀不仅为业内人士提供交流平台，为人们带来沉浸式时尚体验，更可引领新消费潮流。不少参加了本次内衣秀的企业，在线上开辟了直播选购渠道，积极把“流量”转化为“销量”。

可以说，在这一次的秀场上，人们看到的不仅是内衣产业的优秀作品，更是以文旅、内衣、直播等领域为主导的时尚产业在大沥的喜人发展前景。

竞逐时尚产业，大沥家底丰厚。目前，大沥现有内衣生产及相关联企业900多家，拥有自主品牌300多个，年产内衣成品5000多万打，从业人员超过6万人，更有着“中国内衣名镇”“中国时尚品牌内衣之都”的金字招牌。近年来，盐步的稻田、TIC艺术中心、南海星空PARK、盐步酒厂、“狮门”等一批新地标和网红建筑，都被赋予了大型户外秀场的功能，成为盐步内衣在家门口的绝佳秀场，也推动了内衣产业在时尚领域实现创造性转化、创新性发展。

时尚产业能成为推动优势产业优化升级的一种高效能平台。除了内衣产业，大沥还可开启更大的想象空间。大沥有着年交易额达8000亿元的46个专业市场。通过把文化艺术舞台做成时尚产业推广、本土企业品牌的大联展，大沥可面向全国、全球的散客市场和品牌市场打开全新的渠道，依托时尚文化的传播力来带动城市营销、推动产品购买、提升消费热力。

需要具有可持续性的“大秀”

南海区在文化和旅游发展大会上提出，要着力打造人文艺术与现代产业探访体验之城，推动文化和旅游高质量发展。而“湾区时尚之夜”2024大沥稻田音乐节暨超模时尚秀，正是大沥为之响应的一场人文艺术与现代产业充分融合的时尚文化活动。

但大沥想要的不仅是一年一度的“时尚盛会”，更是常态化、可持续的“时尚业态”。随着稻田音乐节和超模内衣秀收获越来越多的关注，更多资源整合共创，新品牌、新设计、新业态也将会随之收获更多的发展可能。

在“百千万工程”的牵引下，大沥在文化、道路、公园、城市建设等各方面发力，以搭建“三周”城市微文旅项目作为独特“法宝”践行人文经济学理念。大沥正全力打造文旅新地标，积极推动盐步老龙1432、鹿尔花园等27个改造项目，打造一批高品质、沉浸式的文旅消费新场景，推动时尚消费与商业贯通发展。

此外，大沥还率先探索“公园+主理人+商业”的新商业模式，积极打造主理人友好型城市，让更多人潮涌动的街区、潮流个性的小店，推动城市功能与调性的逐步提升。瞄准创意设计、展会秀场、品牌打造等高附加值环节，大沥还积极做强人才支撑，通过校地企合作等方式，把更多会做、愿做时尚产业的人才引进来、留下来。

网红大沥与时尚产业，是彼此需要，更会互相成就。我们相信，大沥不仅会把这场内衣时尚秀持续办下去，更计划打造全国性的时尚周、设计大赛、模特大赛等多元时尚的文旅品牌活动，朝着时尚高地、时尚体验中心、时尚产业基地的方向不断拓展，以此写好“人文经济”大文章，助力南海建设千灯湖中轴文旅商贸集聚区，打造湾区文商旅消费新高地。

13. 南方日报：《万木时评｜佛山需要一场时尚大秀、一个时尚产业》

佛山需要一场高水平的时尚大秀、一个真正的时尚产业。在这一点上，南海大沥是个先行者。

刚刚过去的周末，“湾区时尚之夜”2024大沥稻田音乐节暨超模时尚秀在盐步龙涌百亩稻田上开秀。这是自2022年以来，大沥连续第三年举办稻田音乐节，时尚界顶级IP“魅力东方”、盐步内衣百亿产业集群、相关院校与政府联手，打造出一场佛山罕见的高水平时尚大秀，吸引线上线下50万人围观、点赞。

一场稻田音乐节、超模时尚秀能够连办三年，面子、里子缺一不可。音乐和秀场本身都是面子，背后蓬勃生长的时尚产业才是里子，是核心的支撑力量，也是每个参与者、关注者最深切的渴望。在佛山、在南海，大沥不仅率先办出高水平的时尚大秀，也率先打造真正的时尚产业，是其作为佛山中心城区产业重镇的必然担当。

要认识到这一点，首先就要搞明白：什么是时尚产业？

跟家电产业、陶瓷产业等一看就知是什么的产业类型相比，时尚产业似乎包罗万象，又很难说清楚。在这里可以确立一个标准：时尚产业首先必须要时尚，也就是要有艺术品味、有文化内涵、有年轻活力、能凝聚人气和流量，没有这些就谈不上时尚；时尚要成为产业，就必须有规模集聚、有完整产业链条，还要有市场上的影响力。

在这个年轻人更多成为主角的时代，时尚产业在一座城市中大有可为。发展时尚产业既是城市品牌塑造和经济产值提升的需要，也是吸引年轻人，尤其是吸引有较好教育水平、对“诗和远方”有追求的年轻人的需要。因此，佛山不仅要有传统支柱产业、战略性新兴产业，更要有时尚产业。

有些遗憾的是，目前从南海到佛山，能够称得上时尚产业的产业还很少见。比如家电、机械、氢能、建材，这些佛山极具影响力的产业当然可以跟时尚发生关系，但是本身很难称得上是时尚。还有跟时尚比较像的，佛山演艺经济近年来快速发展，但是更多是作为演出活动的举办地，很难说有大规模的产业集聚。

令人惊喜的是，在“网红大沥”，一个时尚产业正在蓬勃生长。

先从11月16日的“湾区时尚之夜”说起。这天从下午到晚上，“金色的浪漫”“湾区时尚之夜”两场不同主题的稻田音乐秀和超模时尚秀陆续上演，不仅有校企合作和内衣时尚秀的精彩呈现，还吸引了时尚界顶级IP“魅力东方·中国国际内衣创意设计大赛”亮相。现场还发布了12个“2024年度盐步内衣时尚品牌”，打造了一场“盐步内衣品牌联展”。

人们不由得联想到全球知名的维密内衣秀。内衣产业，天然地与时尚密切关联，符合“有艺术品味、有文化内涵、有年轻活力、能凝聚人气和流量”的要求。维密内衣秀既是维密这个内衣品牌的产品秀，更被称为“时尚春晚”。每年不仅是内衣产业的人，各个产业、各种人群都会关注维密内衣秀，在其中观察最新的时尚趋势，获得审美的体验。

正如维密内衣秀背后，是维密内衣强大的产品和品牌实力，大沥有条件、有能力打造“湾区时尚之夜”，根源在于产业的强力支撑。目前，大沥有内衣生产及相关联企业900多家，拥有自主品牌300多个，年产内衣成品5000多万打，从业人员超过6万人，手握“中国内衣名镇”“中国时尚品牌内衣之都”等金字招牌。12个“2024年度盐步内衣时尚品牌”，都不仅是在大沥知名，更多是在全国有影响力。

值得注意的是，大沥时尚产业绝不是把盐步内衣产业“重新包装”一下。在大沥的时尚产业链条上，内衣产业虽然具有支柱性地位，但也只是其中的一个环节。里子和面子同样重要，只有里子没有面子，那么时尚产业也难以成立。这里的面子，就是指以稻田音乐节、内衣秀为代表的，基于内衣制造业打造的文化演艺产业。

当内衣制造业、演艺经济在人文经济学理念下深度融合、互为表里，大沥才真正实现了时尚产业的集群化、体系化构建。

这一目标的达成，是大沥在“百千万工程”牵引下，重视文化艺术发展、践行人文经济学的必然成果。在“中心大沥”的战略谋划中，新文化战线是极其重要的一部分。时尚、美，始终是大沥最关注的尺度之一，并将其融入到产业发展中。

近年来，从“新春六大盛景”、黄岐龙母诞八景、大沥端午龙舟季“十景”再到灯湖中轴音乐季、稻田音乐节，大沥不断积极打造年轻人喜欢的、潮流的文化活动。在城市配套建设上，大沥打造了佛山首个“多巴胺公园”、全球最高最大的醒狮艺术装置“狮门”等。

“湾区时尚之夜”还是2024南海区文化和旅游发展大会后，首个由镇街主办的大型演艺活动。那场大会提出，南海作为岭南文化的宝藏城市，也是产业高地、生活之城，将着力打造“人文艺术与现代产业探访体验之城”。而作为南海的经济大镇、文化大镇，大沥有强大的内衣产业基础，有丰富的传统岭南文化和现代潮流文化资源，理应率先“打样”。

回望三年三届稻田音乐节，人们在大沥始终感受不变的，是产业的吸引力和品牌力、更是人文的群众性和融合性。人们在大沥感受越来越强烈的，是佛山人也有了自己的“维密大秀”，佛山的一个时尚产业在快速崛起。

从南海的“人文经济元年”出发，人们还将继续“叹”大沥文商旅贸和城市发展的魅力和潜力，让“来大沥，创奇迹”有更新潮、更深刻的内涵。

如果以后有人问：在杭州可以看西湖，在成都可以看大熊猫，在长沙、浏阳可以看烟花，在佛山可以看什么？一年一度的大沥“维密大秀”不会让你失望。

14. 南方日报：《2025上半年见！灯湖中轴滨江夜经济潮玩街区来了》

挺进2025年，大沥文商旅融合发展的号角已经吹响，为佛山南海打造“湾区演艺”“湾区文商旅消费”两大新高地注入新活力。

2024年12月31日，佛山市南海区大沥镇发布2025年文旅体活动主题“巳巳如意，网红大沥”。同时，大沥灯湖中轴滨江夜经济潮玩街区启动，涉及“灯湖PARK”滨江公园（暂定名）、“佛山不夜岛”水上秀场、颜夕营地三个重点文旅项目，总面积超13万平方米，计划2025年上半年投入运营。

作为广佛极点的产业大镇，大沥正全面践行人文经济学，以文化艺术和文旅产业助推“百县千镇万村高质量发展工程”。其中，立足“水上南海”发展战略，大沥尤其做好“水人文”文章、发展“水经济”。在南海高规格推进灯湖中轴建设的背景下，毗邻南海艺术中心的灯湖中轴滨江夜经济潮玩街区，就是最

“佛山不夜岛”水上秀场效果图

新的范例。

“灯湖PARK”滨江公园（暂定名），分一期、二期建设，一期占地16000平方米、二期57000平方米，规划设置有露营区、漫咖啡、乐队舞台等区域，充分融入大沥“烟火”气息和“人文”环境，同时引入广佛主理人品牌进行运营，涵盖小资生活、艺术创意、城市露营、潮流时尚、美食等业态，在佛山水岸打造“夜食”“夜购”“夜娱”“夜游”“夜健”“夜赏”等全场景夜经济消费集聚区，点旺佛山水道北岸滨水夜经济。

这个潮玩街区将把大沥的铝材产业完美融入到文旅产业，成为大沥全铝城市家居实践应用和对外展示的“窗口”，打造公园商业的“城市家具”样本。项目中涉及的可移动建筑建设将选用大沥全铝家居产品，既兼具美学和实用，又兼具潮流、文艺与工业气息，助力大沥全铝家居产业高质量发展。

灯湖中轴和滨江公园商圈是大沥新商业模式的“三大试点”之一。在“灯湖PARK”滨江公园项目中，大沥将由政府主导，引入社会资本，由企业全额投资并接手基础设施建设、公园管护和运营，同时通过出租的方式有效盘活闲置土地，最终实现政府“0投入”、土地资源得到盘活、企业获益的“三赢”。

“佛山不夜岛”水上秀场项目，占地面积约51000平方米，以盐步内衣时尚走秀为主题，设置有泳池酒吧、卡丁车、夜市街、餐厅、儿童乐园、音乐秀场、躺平坡等区域，将是推介大沥时尚产业的重要平台。项目将发挥大沥中国内衣名镇的产业优势，开展内衣时尚秀等活动，擦亮盐步内衣“金字招牌”，推动大沥时尚产业发展。

该项目将打造成为佛山首个集水、秀、潮为一体的时尚潮玩秀场，也是广东首个以内衣秀为主题的水上秀场。项目正式投入使用后，灯光、水上喷泉搭配夜晚灯光下的碧蓝泳池，池边的水上岛屿与水上中心舞台将为一场又一场时尚消费新业态活动搭台。

颜夕营地项目，将是在“百千万工程”引领下，通过旧工业区改造，助力乡村振兴的一个成功案例。营地位于千灯湖中轴旁，南海千年古村颜边村内，占地面积约8000平方米。在这里，富有设计感的艺术布景搭配上轻松惬意的露营地，醇香的咖啡遇上夕阳下微风拂过的狗尾巴草，网红咖啡馆、正宗东北烧烤、地道东北菜、民谣酒馆、露营钓虾、围炉煮茶等业态一应俱全。

一系列重点文旅项目和文旅主题活动，将不仅丰富大沥灯湖中轴北延段文旅商贸业态，更将以其创新的运作模式，提升片区环境和管理水平，产生强大的社会效益和发展带动力，点亮点旺佛山水道北，展现大沥灯湖中轴的超强兑现力。

亲历者说

大沥镇文体旅游服务中心主任　杨文升：

如何升腾城市“烟火气”

人永远生活在烟火当中，一座有吸引力的城市，必须有足够的“烟火气”。那么大沥是怎样做到这一点的呢？

一是政府企业“双向奔赴”，共促高质量发展。大沥素有“中国铝材第一镇”“中国有色金属名镇”“中国内衣名镇”“商贸名镇”美誉，是全国闻名的产业大镇。企业发展需要通过接地气的大型群众性活动来推介产品、赋能引流，让群众感受片区活动与变化，这恰好与灯湖中轴音乐季初衷一致。因此，每场音乐节都与企业产业发展紧密融合，推出个性化主题活动，真正促成政府与企业的“双向奔赴”。2023年以来，大沥企业家、协会等频频赞助大沥宣传文化活动，已成功让大沥龙舟、醒狮、盐步老龙以及“网红大沥”等新老文化IP不断出新出圈。

二是消费活力持续释放，升腾城市“烟火气”。两个月来，灯湖中轴音乐季陆续走进大沥热门商圈、网红地标、知名企业，音乐狂欢、潮玩市集、房博会等新颖形式为每场音乐节带来人流量超15万人次，持续刷爆大沥市民朋友圈，也为夜经济消费场景注入“文化味”，成为大沥城市消费“新增长极”，进一步提升城市活力与影响力。

三是市场热度不断升温，鼓足社会发展信心。音乐节与城市产业融合发展带来的效果立竿见影，一项项数据提振着市场发展信心。自2023年8月18日首场音乐节举办以来，广佛智城商圈旺、人气旺、消费旺，多个网红打卡点如Dawn City、匹克球场、沥园等陆续推出，助力商圈持续“长红”。9月16日TIC水上音乐节及10月1日TIC草地音乐节的举办，让时代创客艺术中心的销售中心到访人流量明显增长，项目成交面积超2000平方米，折合总价超过6000万元。10月22日灯湖中轴房博会的周末，参展的8家大沥房企共16个项目，接待到访人员近2000人次，意向销售额超8.2亿元，其中保利灯湖天珺当天营销中心的看房客流，比平时周末高两倍以上。

第六章　擦亮“大沥铁军”名片，助力攻坚克难

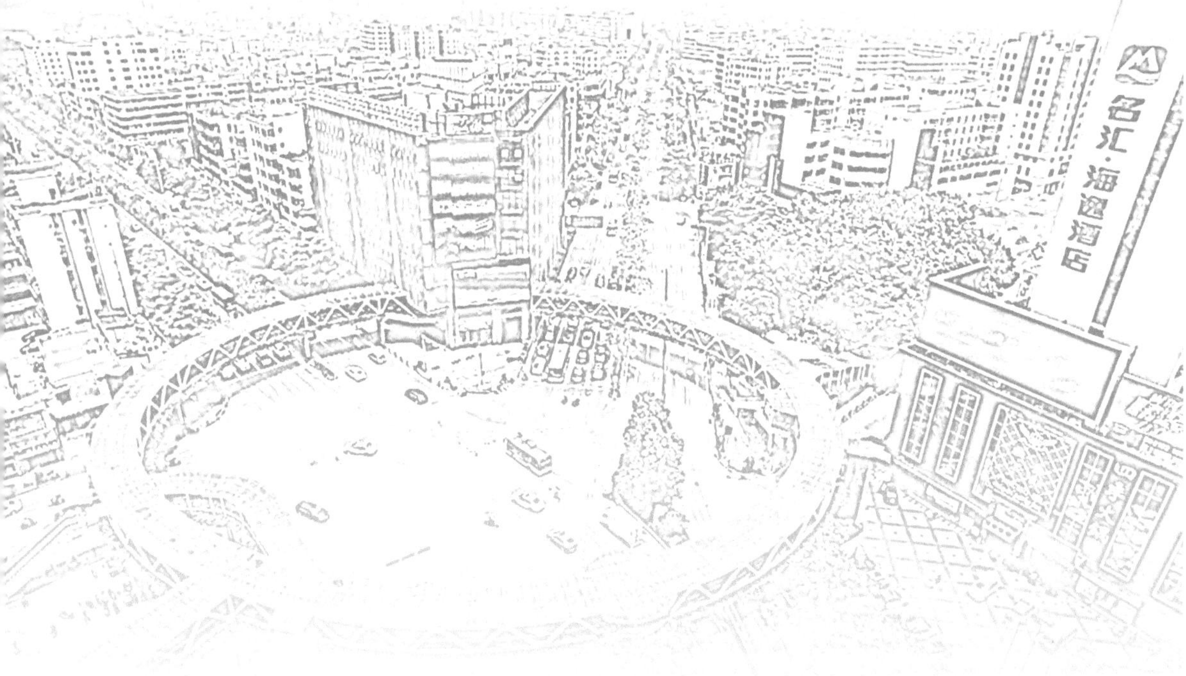

大沥河西沿江片区改造项目拆除行动现场

无论是国家层面的宏观规划，还是镇街村基层的具体实施，每一项任务的完成都离不开干部队伍的辛勤付出和智慧创造。大湾区的繁荣发展，正是由镇域经济社会发展特别是经济强镇的进步和繁荣汇聚而成。因此，推动镇域发展，就需要一支敢于创新、勇于担当、善于执行的干部队伍。

在大沥镇，就有这样一支被称为"铁军"的干部队伍。他们以党建为引领，积极投身于镇委镇政府的各项重点工作中，如全域土地综合整治、商贸转型升级、环境治理、社会治理、产业发展、交通工程建设等。在这些领域，大沥铁军展现出了他们的专业能力和敬业精神，为大沥镇的发展贡献了巨大的力量。

大沥铁军在推动地方发展与基层治理中的作用，不仅体现在他们的工作效率和执行力上，更体现在他们对工作的热忱和对社区的责任感上。他们的故事在社区中广为流传，成为大沥镇的一张新名片，展示了其活力和发展潜力。

这支队伍的工作成效，为大沥镇的进步提供了坚实的基础。他们在土地整治中的创新思路，在商贸转型中的积极作为，在环境治理中的坚持不懈，在社会治理中的细致入微，在产业发展中的精准施策，都为“中心大沥”建设打下了良好基础。

通过有效的宣传，大沥铁军的先进事迹和宝贵经验得以广泛传播，增强了大沥铁军的社会影响力，提升了公众对中心工作的认知和支持。大沥铁军的努力和成效逐渐被社会各界所了解和认可，形成强大的正能量，进一步推动高质量发展。

大沥以推进“百千万工程”故事为主题，推出“村长来啦”系列短视频

一、让老百姓“看得见”

基层改革有很多种，但凡涉及土地的，往往都备受关注，因为土地牵一发而动全身，深刻影响发展全局。从村级工业园改造到全域土地综合整治，南海近年来开展了一场持续不断、覆盖全区的攻坚战。大沥建成区占比超过八成，开发强度大，全域土地综合整治是大沥城市发展的必然出路，也是唯一选择。大沥铁军是这场攻坚战的主力，被更多老百姓看见、了解并支持。

2018年，南海区为了推动城市的升级发展，拟定在大沥河西社区整理1256亩土地。这是一项宏伟的计划，旨在通过对土地的重新规划

大沥全域土地综合整治项目海报

和利用，为城市的现代化建设注入新的活力。然而，三年的时间里，尽管大部分土地已经得到了有效整治和利用，最后的250亩土地却始终难以攻克。这片土地的问题复杂多样，涉及众多的利益相关方，解决起来困难重重。

直至2021年，这一局面才得到了改变。100余名党员干部集结起来，组成了19个驻村小组，他们不畏艰难，勇往直前，通过203个小时的不懈努力，终于完成了河西沿江片区最后的厂房租约"解约"任务。

在这一过程中，宣传工作对于大沥铁军的重要性，不仅在于它能够将铁军的辛勤工作和显著成效展示给公众，更在于它能够激发更多人的参与热情和奋斗精神。

从大沥铁军工作纪实宣传片《打赢南海城市中轴北延"第一仗"！》开始，大沥以宣传片、微电影等方式宣传弘扬铁军精气神的做法不断升级，让大沥铁军的形象和故事得

微电影《出发》海报

在村改一线举行的《城市更新面对面》座谈

以生动地呈现在观众面前，使他们的努力得到更广泛的认可和尊重。这种正面的宣传效果，不仅提升了大沥铁军的社会形象，也为其他地区宣传提供了新的思路和方法。

大沥策划制作的广东省首部全域土地综合整治微电影《出发》，通过讲述大沥铁军在村级工业园改造中进行大攻坚的故事，展现了他们的勇敢和坚持。这样的宣传不仅让群众了解到土地整治的重要性和复杂性，也让他们看到了党员干部在其中发挥的关键作用。影片上映不到24小时，就有超过50万人观看，这充分说明了宣传工作的强大影响力。

此外，宣传工作还能够增强大沥铁军的内部凝聚力。通过父亲节特辑短视频《父亲节特辑丨当“大沥铁军”遇上他们的萌娃，搞笑又泪目》的发布，不仅展现了大沥铁军在工作上的专业和执着，也展现了他们在家庭中的温情和责任。这种多维度的宣传，让大沥铁军的形象更加立体和真实，增强了他们的集体荣誉感和归属感。

宣传工作对大沥铁军的重要性还体现在它能够促进政策的理解和执行。通过宣传片和报道，群众能够更好地理解土地整治的目的和意义，从而更加支持和配合政府的工作。同时，宣传也能够提高政策的透明度，让群众了解到政府工作的进展和成效，增强政府的公信力和执行力。

此外，大沥到村居一线组织《城市更新面对面》座谈，邀请政府部门、社区、村民等多方代表“拉家常、达共识、解难题”，让群众唱主角，调动群众积极性，真正实现民事民议、民事民决，聚合各方智慧、群众力量加快推进大沥城市更新、商贸转型的步伐。

大沥铁军的事迹和精神，将会继续通过各种形式的宣传，激励和鼓舞更多的人投身到这一事业中来，成为推动社会进步和发展的强大力量。

二、让铁军故事“立得住”

事非经过不知难，成如容易却艰辛。大沥铁军，写在纸上就是简单的四个字，但是其锻造锤炼，却是经过了艰难困苦的考验。

大沥宣传铁军助力河西全域土地综合整治项目

大沥铁军的故事，是激励党员干部、凝聚社会各界开展各项建设的精神力量。不少媒体关注大沥铁军的故事，并推出了一系列重点报道。大沥将相关报道集结成书籍《大沥铁军》，广受好评。

例如打响铁军“头炮”的河西社区全域土地综合整治工作。在2021年10月底、11月初，南海区接连两场重要会议都提出了城市中轴北延、决胜“村改”攻坚两项任务，大沥镇感到形势紧急。从11月12日9时算起，仅仅203个小时，厂房租约实现“全清零”。南方日报推出的《南方特稿丨河西200小时》对相关部门、村民等各方进行了深度采访，生动地记录了这200多个小时发生的故事。

大沥还推动媒体策划《全域土地综合整治系列专题》专栏，

开设《村改日记》特色专题，组织媒体记者驻点一线、深度观察，记录整治历程、攻坚进展的生动故事，凝聚社会共识。同时，充分利用流动宣传车、智慧广播等全媒体渠道，通过创作系列宣传片、短视频和宣传海报，形成浓厚的宣传氛围。两个月内，人民日报社、中国新闻网、南方日报社、佛山电视台等20多家主流媒体到现场采写，全网报道超2500条。

在大沥铁军率先"立起来"之后，南海全域土地综合整治中，陆续涌现出西樵尖兵、丹灶先锋、九江战龙、狮山雄狮、桂城战队、里水突击队等南海其他镇街的干部队伍品牌。在"南海雄师"这个大集体中，大沥铁军无疑走在了前列。

大沥编写相关书籍，讲好铁军故事

实践案例

铁军攻坚，如何“出圈”？

◎策划思路

通过在农村土地上发展工业，以大沥为代表的珠三角镇街快速完成了工业化。但是到今天，这种“以土地换租金、以空间换发展”的工业化方式已经不能满足高质量发展的要求。村级工业园改造、土地综合整治，成为亟需破解的难题。

2021年10月，南海区第十四次党代会赋予了大沥镇全新定位和目标任务：大刀阔斧推进城市更新、商贸转型，争当城市中轴北延的桥头堡，走在广佛全域同城最前列。在南海区第十七届一次人代会上，政府工作报告更是为大沥城市更新、商贸转型作了具体阐述。

河西社区沿江片区项目连片开发，是大沥加快城市更新、助力南海城市中轴“北延过河”的第一站。针对该项目，大沥镇实现“七天九成，八天清零，十天开拆”。2021年11月23日，南海在大沥河西沿江片区改造项目现场，打响了全域土地综合整治“第一炮”。

攻坚克难，需要凝聚共识。

第一是做好宣传预热，用好的氛围鼓舞人心。大沥提前制作了系列宣传短片，从区域发展战略、大沥的发展形势，到土地为什么要改造整理、改造的方案如何、未来村民将获得怎样的利好收益等方面，进行了全方位的说明。宣传短片通过“南海大沥”公众号等渠道进行线上播放，有效地帮助村民了解改造各方面情况，为党员干部开展入户工作打下了基础。

第二是创新宣传形式，把工作做到群众身边、激发群众力量。为了全力推进河西沿江片区项目改造升级，大沥铁军通过走访企业、宣讲政策，听取一线群众需求，用情、用心地争取村民支持村改，最大范围形成社会共识。

其中在2021年11月19日，大沥镇首场《城市更新面对面》之“千灯湖北延‘第一站’河西沿江片区如何加快改？”在河西社区新桂活动中心举行。政府部门代表、社区干部、律师与社区居民们，相聚在活动中心前的大树下，共商河西村改大事。

2021年12月2日，大沥还组织了“赴一场城市活力之约”思想解放大讨论活动，聘请中国城市规划学会常务理事、华南理工大学建筑学院教授袁奇峰，中国（深圳）综合开发研究院物流与供应链管理研究所副所长张翼举，智纲智库北京中心副总经理宋德勇等为大沥城市发展智囊团成员，一起“把脉”、凝聚共识。

第三是深度发挥媒体力量。大沥镇与各级主流媒体进行密切

《出发》在商业中心等地播放，广泛宣传铁军事迹

沟通，为其提供素材、引导方向、协调采访，许多记者深入驻扎的一线进行持续调研，以鲜活的报道发出群众声音。《南方特稿｜河西200小时》《进击！南海雄师　大沥铁军》《用活三个法宝，推进全域土地综合整治》等文章从不同侧面，深入剖析了大沥能够为南海打响全域土地综合整治“第一炮”的原因、过程，在其中树立起了大沥铁军的形象，令读者印象深刻。

第四是持续强化宣传品牌，输出宣传精品。从宣传片《打赢南海城市中轴北延“第一仗”！》到微电影《出发》，许多高质量的视频内容都是由大沥镇自主策划、拍摄，围绕大沥铁军品牌持续强化，也取得良好反响。

◎**媒体报道（摘要）**

1. 人民日报客户端：《广东省佛山市南海区大沥镇——城乡融合勇争先》

人民日报

社会 10

本领越来越强 日子越过越旺

城乡融合勇争先

初春，人们驱车驶上广佛江珠高速大沥段，惊讶地发现，高架桥底乱石杂草变成了“袖珍公园”，青石、白沙、植物点缀而成的景观赏心悦目……

大沥镇位于佛山市南海区东北部，是铝材、有色金属、内衣、商贸等产业名镇，但长期被粗放式“马路经济”、碎片化村级工业园等占据大量土地，制约了产业升级空间。2019年，佛山市南海区获批广东省城乡融合发展改革创新实验区，大沥率先启动全域土地综合整治，消除“痛点”，盘活资源，美化环境，推动城乡高质量融合发展。

2. 南方日报：《大沥铁军，再冲锋！》

一个地方干部队伍的质量，在很大程度上影响着这里的发展质量。地方要高质量发展，干部是关键因素。

大沥干部队伍一直以来以“大沥铁军”闻名。2021年，南海区委授予大沥“南海雄师 大沥铁军”旗帜，打响了南海区全域土地综合整治的“第一炮”。两年来，大沥铁军以“能打硬仗、能打胜仗”的作风，接连啃下城市更新、产业发展、疫情防控、人居环境整治等领域的一系列“硬骨头”。今年以来，围绕建设“中心大沥”、推进“百千万工程”，大沥铁军继续一往无前。

如在办实事方面，大沥镇各级党组织聚焦中心工作和群众所需所盼，申报启动书记项目707个，带动“百千万工程”、经济社会改革、城市更新、产业升级等工作取得阶段性进展。针对营商环境，大沥首创全区“涉税一件事联办”先进经验以及产业园“人才·益企”服务站等。针对民生服务，大沥探索“党建+民生服务”模式，凝聚党员、“双百”社工、志愿服务队和慈善力量，民生保障增效升温。此外，还有5所中小学扩建竣工、4所小学稳步建设等。

近来大沥学习借鉴深圳市光明区的经验力推“党建小红格”治理模式，构建“党建360·创熟全友龄”治理体系，推进党组织和在职党员到社区“双报到”……频频出招，目的一致，都是为了促进党员干部深入一线听民情察民意，做到“民呼我为”。未来，大沥要进一步突出讲担当、重担当的用人导向，多将干部放到吃劲岗位、战斗一线经受磨炼。

3. 南方日报：《百台钩机同步！南海区全域土地综合整治攻坚在大沥打响》

一声“开拆令”！2021年11月23日，佛山市南海区大沥镇河西陆边工业大道旁，百台钩机同时启动，一排旧厂房应声缓缓倒下，大沥河西沿江片区项目集中拆除行动正式开启，打响南海区全域土地综合整治攻坚“第一仗”。

河西沿江片区项目，南至佛山水道、东至佛山一环、西至桂和路、北至穗盐路，是南海城市中轴北延的“第一站”。该项目规划用地约1256亩，本次集中拆除行动针对250多亩剩余工业厂房，当天现场拆除150亩。

从11月12日大沥镇成立河西沿江项目拆除改造项目指挥部，到实现河西沿江片区改造项目厂房租约“全清零”，这个过程仅仅用了8天。在这8天里，大沥铁军集结待命，秉持"一旦出发，必须到达"的干劲拼劲，坚定"没有困难，只有办法"的信心信念，上下同心、镇村同向，啃下"硬骨头"，展现了南海区全域土地综合整治的大沥担当。

4. 南方日报：《南方特稿｜河西200小时》

大沥河西，终于甩掉了身上的包袱。

看着眼前即将拆迁的厂房，已经有一个多星期没有好好休息的河西社区党委书记原永良内心难以平静：河西人盼望多年的转型，真正走上正轨了。

这片厂房位于南海大沥河西社区，紧贴着千灯湖，却一直被贴着"没有城市样"的标签。2018年，南海计划在此整理1256亩土地，推动城市升级。但三年过去，最后250亩却总是"啃"不下。

与河西社区只相隔了一条佛山水道的千灯湖，更让河西人深受刺激。2007年挂牌成为广东金融高新区后，没有陷入土地碎片化困局、甩掉了传统村级工业园包袱的千灯湖片区迅速崛起，湖光灯色，高楼林立。如今，甚至成为佛山"亿元楼"最密集的地方。

随着佛山水道两岸的城市面貌和收益贡献越来越大，近70岁的河西社区村民梁国辉心里很着急，"我们当年没有想太远，就把地租出去了，现在租金也不多，整个发展都已经落后了。"这个冬天，大沥决定不再等待。

村级工业园为河西的发展提供了"养分"，让村民们慢慢富起来了，但把现今破旧的工业园区改造成现代化都市中心却不容易。当日与夜的边界开始变得模糊，工作小组的思路愈发清晰……2021年11月19日17时，23名租户在河西沿江项目拆除改造“清租”行动集中签约仪式上，签下了解租协议，项目已完成九成厂房的整理。20日20时，厂房租约实现“全清零”。

从11月12日9时到20日20时，100多名党员干部集结，组成19个驻村小组，用203个小时，完成了河西沿江片区最后的“解约”任务，结束了三年的漫长“战役”。

日月流转，大沥迎来新的一天，城市即将进入新的一年。

5. 珠江时报：《像大沥铁军这样坚定地前行》

珠江時報
南海打响全域土地综合整治攻坚“第一枪”
昨日召开全域土地综合整治誓师大会，大沥河西沿江片区250多间旧厂房开拆
像大沥铁军这样坚定地前行

大沥河西沿江片区的改造拆除，为南海的全域土地综合整治攻坚打了一个好样板、注了一剂强心针。在2021年11月23日大沥镇河西沿江片区改造项目集中拆除行动现场，伴随着拆除工程机械的轰鸣声，一座座旧厂房轰然倒塌。这意味着南海全域土地综合整治攻坚战在大沥打响头炮，也标志着南海城市中轴北延“过河”迈出坚实的关键一步。不久的将来，这里将建成展现艺术魅力、城市活力的南海艺术中心，与千灯湖金融高新区共同构成近悦远来的“城市客厅”。“未来5年，南海城市中轴的想象空间在大沥、兴奋点在大沥。”这句话传递出南海人的期待和自信。

在这个震撼人心、凝聚信心的时刻，让我们把最热烈的掌声献给大沥铁军、南海雄师！他们仅用8天时间就完成了河西沿江片区改造项目厂房租约“全清零”的艰巨任务！“一旦出发，必须到达”，是他们战无不胜的坚定信念；“没有困难，只有办法”，是他们敢闯敢干的拼劲韧劲；“今晚再晚也是早，明早再早也是晚”，是他们只争朝夕的使命感紧迫感。他们用心用情践行“人民至上”的理念，他们同心协力创造了南海全域土地综合整治的“大沥速度”！他们敢想、敢做、敢当，“敢于同先进比高下、敢于同自己过不去”，充分展现出“大沥铁军、南海雄师”永不懈怠的精神状态、一往无前的战斗姿态、征服一切困难而不被任何困难所征服的英雄气概。

6. 佛山+客户端：《清风时评：大沥铁军，是一支什么样的队伍？》

起跑决定后势，开局关系全局。2022年的春天，大沥铁军继续乘势而上、乘胜追击。2月18日，大沥镇举行全域土地综合整治项目集中拆除暨春季动工仪式。五个项目同步开工，为全镇城市更新和商贸转型按下新一年的“快进键”。反映大沥铁军攻坚克难精神的大沥镇全域土地综合整治纪实微电影《出发》，也这一天正式上映。

自2021年11月在大沥镇河西沿江片区打响全域土地综合整治的“第一枪”之后，大沥铁军便迅速在佛山乃至珠三角走红。他们所创造的经验，迅速被其他区域学习，他们所体现的干劲，也正在成为大沥的一种新的城市精神。

那么，有人不禁会问，大沥铁军，究竟是一支什么样的队伍？是呀，大沥铁军究竟是一支什么样的队伍？这是一支有胆有识、党建铸魂的队伍，也是一支抓落实、办实事、赢民心、留口碑的队伍，他们是人民群众最忠诚的守护者，也是党委政府最能担当的攻坚者。

可以说，大沥铁军，是在南海全域土地综合整治遇到瓶颈和缺乏突破口的时候，用决心和担当拼搏出来的一支能打胜仗的尖兵。通过推动“支部建在项目上、党旗插在阵地上、党员冲在最前线”，他们将河西沿江片区的经验在更多社区推广，他们以雷厉风行之势，用35天打赢6个社区改造项目的“闪电战”，累计拆除整理土地3374亩。而这，正是大沥坚持在炮火隆声中历练干部的成果。

党委政府有任务需要攻坚的时候，他们在；人民群众有困难需要他们化解的时候，他们也在。他们用实际的行动和成绩，在南海的全域土地综合整治及其他工作中，形成了浩大的声势，点燃了干事的激情，找到的破局之路，也赢得了发展的信心。

这支队伍，将成为大沥推动“城市更新、商贸转型”、奋力再创高质量发展新辉煌的支柱力量。他们在让大沥成为创造奇迹、发生奇迹的热土的同时，也将自己锻造成创造奇迹、发生奇迹的一支奇兵。

7. 珠江时报：《大沥铁军在河西上演“大沥速度”》

A03

剩余“清租”任务七天完成近九成

大沥铁军在河西上演“大沥速度”

“接到任务时感觉很难，现在觉得没有什么完不成的！”

创新工作机制 依靠群众发动群众

大沥举行河西沿江项目拆除改造“清租”行动集中签约仪式，数位河西沿江片区土地承租方与土地整理方签订了“清租”协议。至此，该片区攻坚总任务已完成近九成。

“让我们为河西的美好明天点赞！为大沥的美好明天点赞！”在租户们签订“清租协议”后，签约双方一起竖起大拇指，为河西未来的发展点赞。

作为千灯湖北延过河的“第一站”，河西沿江片区是大沥城市更新最重要的据点。与一河之隔的广东金融高新区相比，这片区域内却分布着低矮破旧的厂房、低产值高污染的落后产业。城市更新成为大沥未来发展的必走之路。

为加速落实区党代会提出的“大沥要大刀阔斧推进城市更新、商贸转型，争当城市中轴北延的桥头堡，走在广佛全域同城最前列”目标任务，大沥镇成立河西沿江项目拆除改造指挥部，这支“大沥铁军”由大沥党政班子挂帅形成19个工作组，从11月12日起进驻河西社区，开展该片区租约未解除租户的群众工作。

为了加快河西沿江片区改造速度，11月17日，大沥镇成立河西沿江项目拆除改造指挥部临时党委，同时向河西社区和经济社派驻第一书记，以党建引领全力打赢城市中轴北延“第一战”。

连日来，各工作组进家入户，宣讲村改政策，展示发展愿景，听取村民需求建言，也尽力化解群众心中疑虑，用心用情争取村民支持，经过七天“披星戴月”的奋战，截至当日，已有近九成土地承租方与土地整理方签订“清租”协议。

“在河西做生意二十多年，这里真是一块福地，等将来改造好了，我们还会再来这里投资。”当日的签约代表梁先生称，自己非常支持政府推动城市更新工作，也希望这里能尽快与河对岸的千灯湖板块看齐。

按照规划，河西沿江片区项目南至佛山水道、东至佛山一环、西至桂和路、北至穗盐路，规划用地约1256亩，目前已拆除地上建筑土地面积约1033亩。其核心项目——南海艺术中心，占地250亩，是未来南海乃至佛山重要的文化艺术载体。该片区将以水体为纽带建设中心，打造公共空间与城市景观相融合的都市休闲区。

美好的设计蓝图，也让不少河西村民对此充满期待。“晚上大家去河堤散步，经常觉得我们这里低端的建筑形态和对面的高楼大厦像是差了几十年，村民其实很希望能改造。”河西社区陆东经济社村民梁国赞满怀期待地说，“改造后，这里的环境道路都会变好，绿化可以像对面的金融高新区那样绿树成荫，一水之隔的一河两岸也就相匹配了。”

值得一提的是，除了成立“大沥铁军”、以党建引领全力打赢城市中轴北延“第一战”外，目前大沥也在河西片区内，通过文明智慧广播、LED宣传车播报，悬挂宣传横幅等方式进行宣传，同时还在河西社区举办首场《城市更新面对面》，直面群众，倾听群众声音，与群众一起为河西发展出谋划策。

此外，大沥还将在一环辅道上实施广佛江珠高速（穗盐路—河西大道段）辅道连接工程和广佛江珠高速（海八路北出西口侧）辅道连接工程。计划在11月底前解决一环穗盐路辅道路口交通拥堵问题和城市中轴北延主干路出口拥堵问题，同时为加速河西片区旧改提供更便利的交通条件。

走上城市更新道路的河西沿江片区，未来也将快速追赶对岸千灯湖版块的步伐。项目将以南海艺术中心为核心部分，规划建设公共服务和文化演艺载体。此外，还将规划建设地标建筑，打造超甲级写字楼、企业总部等载体。

8. “南海大沥”公众号：《抢先看！〈出发〉首映！全省首部全域土地综合整治纪实微电影！》

微电影《出发》以大沥铁军进驻村居大攻坚为叙事主线，用巧妙的手法重现了大沥铁军勇担当、聚合力、破难题的励志故事。电影名取自“一旦出发，必须到达”和“思想再解放，改革再出发”。

《出发》分为开局、困局、破局、定局四部分。开局首先介绍了本项工作的大背景，这是上级党委、政府从大局发展的战略部署，大沥雷厉风行抓落实。会上杨书记传达了攻坚任务，李主任带领大家开展工作；困局主要讲大沥铁军在攻坚过程中遇到的种种困难和阻碍；破局展现了大沥铁军同心协力、多想办法、不畏困难、用心用情，终于敲开了各位租户的心门；定局主要讲经过努力，大沥铁军得到了广大村民、租户和各界的大力支持，终于完成了全部解租、搬迁、拆除任务，腾挪出连片发展空间，为大沥的城市更新、商贸转型画上了浓重的一笔。

电影中杨书记和李主任是领导干部的体现。他们有格局、有担当，怀着“一旦出发，必须到达”的坚定信念，牵头组织、深入一线；他们有谋略、有智慧，“一把钥匙开一把锁”，面对以家族为重的黄老板，亲情就是这把钥匙，面对来到这里白手起家的陈家，发展就是这把钥匙。他们心系群众、坚守使命，带领大沥铁军迎难而上，打开工作新局面。

9. 南方日报：《大沥铁军向企业承诺：说到做到、随叫随到、服务周到》

新年首个工作日，“中心大沥”发出全力服务企业的强烈信号。

1月2日，佛山市南海区大沥镇举行2025年干部队伍作风建设大会暨“全沥以赴”服务企业方案发布会，提振干部干事激情、提振企业营商信心。现场推出优服务、搭平台、拓市场、强保障的“全沥以赴”服务企业方案，为首批十支“好给沥”企业服务队授旗，并表扬大沥铁军“百县千镇万村高质量发展工程”扛旗夺标十大优秀案例。

当前大沥正处于改革转型的关键时期，要有“争先进位”的精气神才有未来。沥铁军要有争当一流的决心和信心，与企业同心同德，拿出更高的标准、更强的力度、更实的措施，凭服务意识、服务能力取胜，“大沥佬，一定得；创奇迹，一定得！”

“除看中大沥区域优越外，我们更看中大沥政府‘效率优先’服务理念。正是有了政府的高效服务与有力支持，企业才得以在复杂多变的市场环境中稳健前行。”广佛国际机电五金城总经理叶梓明说，大沥的服务为企业切实解决了发展困难，增强了发展信心。

新的一年，抓作风、强作风、大干快上的热潮正在大沥全镇掀起。“‘中心大沥’，铁军向前！”大沥镇委向全社会承诺，将竭尽全力、一心一意服务企业发展，用实实在在的保障措施，想方设法为企业创造条件、提供支持，让企业家在这里能赚钱、赚大钱，“我们一定会说到做到、随叫随到、服务周到！”

亲历者说

微电影《出发》执行统筹　黎昭映：

揭秘《出发》的台前幕后

《出发》根据大沥真实故事改编，是广东省首部全域土地综合整治纪实微电影。这部微电影讲述了大沥铁军在党的坚强领导下，以“思想再解放，改革再出发”的决心、“一旦出发，必须到达”的信念，在遭遇各种艰难困苦的情况下勇担当、聚合力、破难题，用真心真情赢得信任支持，最终创造奇迹，仅用8天完成项目攻坚，打开城市更新新局面的励志故事。

《出发》从2022年1月22日开机到2月18日正式上映，除去中间的春节假期，前后只有半个月时间。这15天里，主创、演员团队不畏寒风和冷雨，主动加班加点、夜以继日地全力投入拍摄、制作中，不管是拍摄到凌晨还是因剧情需要穿着短袖在5℃的冷风中一次次“重来”，大沥铁军们都用真诚的心，“以铁军精神演绎铁军精神”，把自己的情感倾注到微电影中，细腻地表达了大沥铁军的攻坚故事。影片前后进行了9次剧本修改、5天时间集中拍摄、9次反复雕琢成片，务求让观众感受到铁军的真诚。

值得一提的是，微电影共184名参演人员，除了杨书记（客串）、李主任角色是特别邀请之外，其他所有角色都由大沥铁军和村民、租户出演，其中包括两名媒体驻镇记者。演员们均曾奋斗在一线，最有真切体会和真情实感，所以一出镜就马上能入戏，朴素地再现、精彩地演绎党建铸魂、有胆有识、用心用情的大沥铁军。

2022年2月18日，《出发》在大沥镇万达影院举行首映仪式，当天除了“南海大沥”官方微信号、视频号、抖音号之外，南方日报、南方都市报、广州日报、新快报、凤凰新闻、今日头条、腾讯新闻、佛山电视台、佛山日报、珠江时报等多家媒体也关注报道并跟进发布《出发》正片，“佛山发布”“南海发布”的同步推送更是“刷屏”佛山人民朋友圈。上映24小时，观看量已超50万人次，其中，仅“南海大沥”视频号观影量达20万人次，转发量过万。2022年3月2日，在南海区委常委会会议上，播放《出发》还曾作为一个专门议程，影片得到了社会各界的肯定。

“微电影拍出了大片的感觉，整个大沥铁军团队气势磅礴！”“感动！因为其纪实！”“流着泪看完，一秒都舍不得落下，大家一定要看，我们大沥铁军就是这样的！”“一旦出发，必须到达！出发去哪里？去群众的心窝里！”《出发》展播后，不管是曾亲身参与全域土整工作的大沥铁军，还是参与影片拍摄的人员，都纷纷转发链接，把内心的真实感受传递给身边的同事、亲朋好友。

微电影《出发》一经上映，不仅在镇、区、市层面引起讨论，更是很快就“出圈”，传播到省内各地，尤其是珠三角地区。“我们的曾经（和他们）极其相似，东部过境土地征收、城中村综合整治……历历在目。只要理想信念坚定，初心不改，使命必达！”深圳市罗湖区某社区党委书记高桂秀看完微电影后产生了共鸣，转发微电影链接分享感受。广东金融学院财经与新媒体学院传播学者、重大行政决策论证专家杨银娟更是直接点出《出发》“刷屏”的原因：“影片不回避中心工作面临的矛盾，反而生动地把冲突展现出来，加上微电影这个传播模式本身能打动人，更容易引起反响。”“城市更新谈何容易？中间存在各种利益博弈和历史问题，这需要一支铁军去做好最核心最基础的群众工作。”省委党校党的建设教研部副教授吴记峰转发《出发》链接时说，党员干部的群众工作能力，是在用心用情跟群众打交道的过程中提升的，是在急难险重的任务中检验的，该微电影是一堂提升党员干部能力的微网课。

大沥铁军是一支有胆有识、党建铸魂，抓落实、办实事、赢民心、留口碑的队伍，这部微电影《出发》正是为了向忠诚担当、有勇有谋、雷厉风行、敢作善为、创造奇迹的“大沥铁军”致敬。看到社会各界的肯定和引起的共鸣，这部微电影的效果达到甚至超出了预期目标，这让我和整个主创团队都十分感动和自豪。

佛山市自然资源局南海分局大沥管理所所长　颜倚云：
让大沥“铁军”有更强大的力量

推动全域土地整治，宣传引导至关重要。我们起早摸黑，“群众的空余时间就是我们的工作时间”，用情敲开群众的“门”，并拓展方案的宣传讲解渠道，直面问题、民主决策。其中，发动社会参与、引导各界讨论、加强政媒互动“三大宣传法宝”对于城市更新工作来说，非常有效。

我们邀请专家进驻社区“把脉问诊”“对症开方”，发动商界翘楚、党员志愿者支持项目攻坚，为项目整治献策献力，通过各界参与项目攻坚，迅速在社会面上营造强大的宣传氛围，凝聚各界共识，对项目推进有着极大的合力。

为了更贴近群众，我们开展了《城市更新面对面》活动，对项目的未来发展进行“思想解放大讨论”，邀请政府部门代表、社区干部、律师与社区居民们，共商村改大事，广泛争取社会各界、社区居民、商协会和各团体以多种形式支持村改；用最接地气的榕树头议事方式，倾听村民心声、回应群众期盼，真正做到群众事、群众议、群众定，赢得了村民对党委政府的信任和支持。

在项目攻坚初期的时候，我们会根据收集回来的民意调查结果，去判断这个项目是否需要开展《城市更新面对面》论坛这类大型的宣讲工作。当需要开展时，我们会先跟相关部门进行沟通，得到支持之后，由镇宣文办组织举办。我们会邀请与项目相关的政府部门代表、社区干部、律师与社区居民们上台共同讨论项目事宜，主持人会现场提出村民关心的问题和事项，由政府部门代表、社区干部、律师现场解答。节目中还会让现场观看的村民参与提问环节。《城市更新面对面》论坛已经成功举办多次，都取得非常好的效果，基本上我们可以通过这个方式，迅速让村民更快更直接地了解项目改造事宜，也让群众有更好的参与改造的沟通渠道。最直观的一个感受就是，《城市更新面对面》论坛的开展，可以让沟通过程和结果公开透明化，大大减少了误会和隔阂，让项目民意支持率大幅上涨。

我们还加强政媒互动，形成强大宣传氛围。邀请媒体记者驻点一线、深度观察，记录整治历程、攻坚进展的生动故事，凝聚社会共识。充分利用全媒体渠道、LED公告、流动广播等方式方法发动最广泛的宣传，形成更浓厚的氛围。

此外，在纪录片《打赢南海城市中轴北延“第一仗”！》、微电影《出发》中，我们作为项目推进的主要部门，提供了很多素材、资料，甚至给拍摄组还原了当时的工作情景，方便他们去理解拍摄。我们的分管领导、办公室主要负责人也参与了剧本的创作，同时作为微电影角色的原型人物进行素材创作。我们办公室的一位同事因为深耕群众工作，对群众比较了解，在《出发》微电影中非常出色地演绎了一位由抗拒改造到支持改造的企业主的角色。

通过上下联动和宣传引导相结合，让大沥铁军有更强大的力量、更坚定的信心攻坚克难、勇往直前。通过正面引导，消除了负面舆论，营造了大势所趋、发展所需、民心所向的强大舆论氛围。

第七章 基层党建宣传，如何讲出新意？

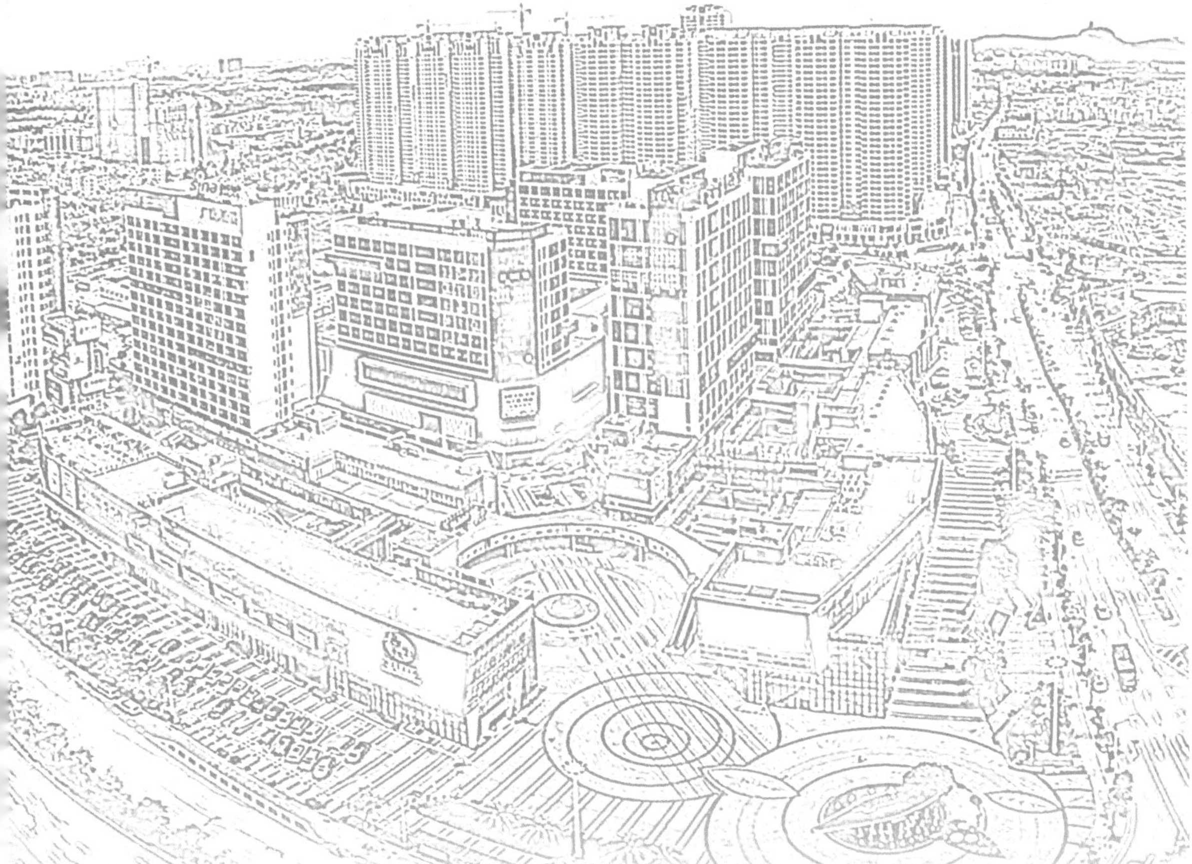

求木之长者，必固其根本。广东把基层党建摆在全省工作大局重要位置扎实有力推进。作为经济大镇、管理服务人口过百万的外来人口大镇，大沥的党建工作具有自身特色。

在“活力党建”品牌引领下，大沥镇党建工作以“过河进湾、产业第一、项目为王、工商并举、品质领航”为主线，从基层治理、干部培育、人才保障、党群服务、阵地建设、基础党务等方面入手，焕发基层党建的生机活力。一个党建引领基层治理、推动高质量发展的“沥治”样本，逐渐成形。

这背后，离不开越来越高的党建工作知晓度、号召力。近年来，大沥镇在“活力党建”品牌打造、荔湾—南海党建示范带建设、搭建镇级层面的七一空间、扛旗夺标项目推进等党建工作上做出的许多成绩，探索出的基层党建一系列经验，通过强有力的宣传深入人心。

一、让品牌更出彩

如何在基层党建工作中，把典型个人、优秀党组织、代表性项目总结好、宣传好，是基层党建品牌建设面临的共同课题。

火车跑得快，全凭车头带。这是党建工作中常见的一句话，一般是强调在某个地方或者组织中，党员带头人的先锋和统领作用。事实上在整体的党建工作中，也非常需要突出“车头”的重要性。他们有时候是具体的个人、集体，有时候是典型的案例，为党建工作深入铺开打下基础。

塑造党建品牌，首先要树典型。近年来，大沥着眼选“头雁”、配强队伍，深入实施社区党组织书记“头雁工程”，打造起一支有本事、能干事、敢担当、善治理的“头雁”队伍，在经济发展、全域土地整治、乡村振兴、基层治理等中心工作中主动作为、攻坚克难。

2022年起，大沥开展社区党组织书记“金雁奖”评选活动，为加强社区干部队伍建设，激发社区干部精气神，表扬一批优秀社区书记，树立先进典型示范，营造创先争优的良好氛围。此后，大沥嘉怡社区党委书记冯桂贞、凤池社区党委书记陈伟津、太平社区党委书记郭景钊等一批干部获评“金雁奖”。对每一名金雁书记，大沥都举行了专门的颁奖仪式，并组织了媒体进行宣传报道，推出专题宣传片。

每一名金雁书记能够成为典型，都是实至名归。如陈伟津，近年来带领凤池社区讲大局、谋发展、善作为，积极推动凤池装饰材料市场北区的升级改造，建造修缮乡情馆、产业馆等阵地，连续多年举办社区文化艺术节，举行慈善千人行筹款活动等。

太平社区负责人介绍太平全域土地综合整治项目情况

2024年7月，第二十四届中国（凤池）铝门窗建筑装饰博览会现场

成为典型的不只是个人，还有社区、机关等集体。2022年，大沥围绕镇党委政府中心工作，梳理重点、焦点、难点，选取了第一批共16个“扛旗夺标”项目，鼓励广大党员干部主动认领、创优争先、攻坚克难，真正锻造大沥铁军的铁胆军魂。2023年、2024年，“扛旗夺标”机制持续深化，涌现出一批典型事迹。

值得关注的是，基层一线的工作琐碎零散，缺乏耀眼的大项目、大成绩。面对越来越年轻化的受众，传统的宣传方式和内容已经很难让这些好的工作经验得到推广，起到示范作用。

在这样的背景下，党建品牌的塑造方式也需要与时俱进。大沥作为基层镇街，做好党建传播，就是要做面向年轻人、有互联网感的传播，就是要更加贴近年轻人的思维习惯和接受方式，更好地吸引年轻人的注意力。

第一是“短”，传播内容要高度凝练、直入主题。在信息爆炸的今天，年轻人的注意力往往分散且有限。因此，传播内容应该直接切入主题，用简洁明了的语言传达核心信息。这样可以提高宣传的效率，在受众有限的注意力中赢得位置。

第二是“新”，传播形式要富有创意、爆点突出。利用新媒体平台，如社交媒体、短视频等渠道，重要的并不是渠道本身，而是要让内容更加生动形象，比如视频、图表等，紧紧抓住受众的眼球，让受众在轻松愉快的氛围中接受传播的内容。

第三是“感”，传播要注重讲好故事、打动人心。人们天生喜欢听故事，通过把党员事迹、党建故事讲出来，把其中的关键故事提炼出来，可以让党建传播更加引人入胜。比如就大沥来说，身处基层一线就是其优势，党建传播的对象和受众可能就是街坊、邻居、朋友，通过故事传播更增加了亲切感。

大沥镇委党校

荔湾—南海党建示范带建设共建阵地

二、强化宣传阵地

在这个信息技术日新月异、互联网飞速发展的时代，为了有效传播声音，增强凝聚力与战斗力，构建权威而强大的品牌建设阵地显得尤为关键。在这方面，大沥镇以其前瞻性的思维和务实的行动，为党建传播探路。

线上阵地建设方面，大沥镇注重运用现代信息技术，打造多维度、全方位的平台。其中，“南海大沥”公众号作为党建传播的重要窗口，发挥着举足轻重的作用。该公众号不仅及时发布最新政策和理论研究成果，还深入挖掘全镇党建工作的亮点与典型案例。通过生动的故事和形象的表达，党员群众在轻松愉快的氛围中感受到关怀与温暖。

同时，大沥镇还积极与其他媒体平台合作，通过微博、抖音等新媒体渠道，拓宽传播的覆盖面和影响力。这些线上平台的联动，使得大沥镇的党建信息得以快速传播，有效提升了党建工作的知名度和影响力。

在省级媒体平台上，大沥镇的党建宣传同样取得了显著成绩。该平台凭借其精准的定位、丰富的内容和创新的形式，吸引了大量党员群众的关注与参与。南方+客户端南方号“大沥镇委党校”不仅及时发布党建动态和理论文章，还策划了“组工周报”等定期的线上宣传，并通过举办线上活动、开展互动问答等方式，增强了与党员群众的互动交流。这些举措使得大沥镇的党建宣传在省级媒体平台上持续亮相，形成了良好的示范效应。

2023年8月8日，“大沥镇委党校”南方号负责人荣获“高质量南方号运营者”奖项，这是对其党建宣传阵地建设工作的极高认可。在2023年南方号爆款大赛中，“大沥镇委党校”凭借以城市美学培训为主题的聚沥快报“到沪浙取经，解构城市高质量发展密码——大沥镇举办2023年领导干部高质量发展专题培训班”入围。2023年全年，“大沥镇委党校”累计依托五大栏目发布“云课堂”224期次，收获阅读量142.58万。

线下阵地建设方面，大沥同样不遗余力。

大沥是一片具有光荣革命传统的红色沃土，是南海农村革命的摇篮，广州起义大沥战斗曾在此发生，南海农村第一个党小组在铁村诞生。近年来，为进一步挖掘传承大沥红色革命基因，大沥加大红色资源的挖掘、宣传和利用。

2021年6月30日，“永远跟党走”——大沥革命展示馆开放暨基层文化惠民百场系列活动正式启动。当天，大沥革命展示馆新颜亮相，“双100”摄影巡展、基层文化惠民百场系列活动同步启动，大镇村史馆、社区卫生服务中心党员示范岗也正式揭牌。

依托丰富的革命历史资源，大沥镇持续深入挖掘红色文化，打造了一批具有特色的党建宣传阵地。例如，大沥大镇村的南海早期农民协会旧址现已改造成为大镇村史馆，成为传承红色文化的重要场所。在这里，党员群众可以深入了解党的历史，感受党的初心和使命。2022年7月1日，铁村革命展示馆正式对外开放，展示了“铁心向党、敢为人先、不屈不挠、舍生取义、不怕牺牲、奋战到底、勇于抗争、坚韧不拔、不懈奋斗、坚定前行”的革命精神。

同时，大沥镇还建立了党群服务站、组织生活馆、暖心工作室等线下宣传阵地，为党员群众提供了学习交流的平台。这些阵地通过举办座谈、展览、文艺演出等活动，丰富了党员群众的精神文化生活，增强了党组织的凝聚力与向心力。

在党建传播的关键节点和重要活动上，大沥镇善于利用党媒资源进行多样化宣传。例如，在干部队伍淬炼提升计划暨“扛旗夺标”项目发布仪式上，大沥镇充分利用各级党媒的传播优势，通过新闻报道、专题访谈等形式，全面解读和传播该项目的创新举措和重要意义。这些报道不仅增加了民众对党建工作的了解，还激发了党员群众参与党建工作的热情。

此外，大沥镇还注重党建品牌塑造的实效性和针对性。针对不同群体和领域的需求，大沥镇制定了差异化的策略和内容。例如，针对青年党员，大沥镇通过举办青年党员论坛、开展志愿服务等活动，引导他们积极投身党建工作；针对农村党员，大沥镇则通过农村广播、宣传栏等渠道，普及党的政策和理论，提高农村党员的政治素养。这些举措使得大沥镇的党建宣传更加贴近实际、贴近生活、贴近群众。

大沥镇在党建品牌塑造中，通过线上线下的有机结合、自主运作与组织媒体宣传的相辅相成，形成了具有地方特色的工作模式，提升了党建宣传的权威性与有效性。展望未来，大沥镇将继续保持前瞻性思维，不断创新宣传方式，提升党建宣传工作的水平。

实践案例

让基层党建更具“活力”，要怎么干？

◎策划思路

2023年6月30日，大沥镇举行了荔湾—南海党建示范带建设启动仪式，并正式发布了“活力党建”品牌。这一系列活动标志着大沥镇在党建工作上的一次重大升级，旨在通过六个关键领域——基层治理、干部培育、人才保障、党群服务、阵地建设、基础党务，推动高质量发展，为大沥推进广佛全域同城化凝聚更强大的力量。

作为产业重镇和广佛同城化的先行者，大沥镇基层党建工作

荔湾—南海党建示范带范围

一直具有鲜明的特色。“活力党建”品牌的推出，不仅是对过往成绩的肯定，更是对未来发展的规划和承诺。这一品牌如何成为大沥镇党建工作的新名片？

首先，大沥镇着力打造独具特色的IP。IP的构建分为两个维度：一是队伍建设，即以大沥铁军为代表的党员干部队伍；二是工作创新，即“扛旗夺标”的工作理念。大沥党员干部队伍以其高度的政治觉悟和强大的战斗力，成为党建品牌的核心力量。纪录片《向前——致敬大沥金雁》的制作与播放，以及“金雁奖”“飞跃奖”的颁发，都是对这支队伍精神风貌的生动展示，同时也为“活力党建”品牌的传播增添了浓厚的文化氛围。

“扛旗夺标”项目则是大沥镇在高质量发展和用人导向上的一次创新尝试。通过这一项目，大沥镇为有想法、敢担当的干部提供了施展才华的舞台，打破了部门间和层级间的沟通壁垒，整合了各方资源，确保了工作的高效推进。这种集中锤炼和整合发力的模式，已成为大沥镇实现重大项目落地和推动经济社会平稳发展的重要法宝。

其次，大沥镇充分发挥各类阵地的作用，以增强“活力党建”品牌的影响力。例如，“大沥镇委党校”南方号推出的报道《大沥镇以“活力党建”向“七一”献礼！》，不仅宣布了“活力党建”品牌的发布，还介绍了党建示范带的建设情况，为广佛湾建设机遇的抢抓和“中心大沥”的打造奠定了坚实的组织基础。报道中嵌入的学习问答环节，进一步提高了公众的参与度和宣传效果。

各级党媒也纷纷对荔湾—南海党建示范带建设和“活力党建”品牌进行了深度报道，如南方日报的《跨市打造党建示范带，荔湾—南海为什么行？》和《打出“活力党建”品牌，南海大沥在谋划什么？》以及佛山+客户端的《荔湾—南海共建党建

示范带，中心大沥将承担什么角色？ | 大沥观察》等，这些报道为“活力党建”品牌的传播提供了强有力的支持。

在“活力党建”品牌的引领下，大沥镇的党建宣传工作取得了显著成效，基层治理水平不断提升，党建工作的质量和影响力日益增强。

展望未来，大沥镇继续以“活力党建”品牌为引领，不断探索党建工作思路与方法。通过加强党员干部队伍建设、推动工作创新、扩大品牌影响力等措施，大沥镇进一步提升党建工作的质量和水平，将为广佛全域同城化贡献更加卓越的力量。

◎媒体报道（摘要）

1. 南方日报：《跨市打造党建示范带，荔湾—南海为什么行？》

荔湾和南海的融合与合作源远流长，一直走在广佛全域同城化的前列，今年以来继续加快。此次党建示范带建设，是2023年2月，广佛湾重点项目在南海大沥启动后，广佛湾建设的新机遇；6月初，荔湾、南海启动共建“荔湾—南海人才高质量发展合作区”后，跨市合作的再度深化。

示范带建设的“四共十二条”工作举措，分别涉及组织共建、党员共训、阵地共享、合作共赢四方面。在组织共建中，包括成立工作领导小组，统筹研究“荔湾—南海党建示范带”建设中的重点工作；组建区域联合党委，书记由两地镇街党委领导轮值担任；共31个社区、经联社组成11组结对社区等。

值得关注的是，为打造服务两地党员群众的示范窗口，位于浔峰社区的广佛湾党群服务中心历经半年打磨，在当天正式“开门迎客”。中心的建设以“联—融—共”的理念贯穿始终，将陈展区分为“党建为轴　沥联双城”“信仰领航　融心铸魂”“共建共享　善治破难”三大篇章，充分展现两地的同城历程、革命渊源以及未来的机制探索。中心内还高标准打造了广佛湾联合党委组织生活馆，为两地党员提供开展组织生活的主阵地，增强两地党员归属感。

蓝图已经绘就，奋斗正当其时。大沥镇相关负责人表示，将乘势而上抢抓广佛湾建设机遇，探索具有大沥特色的党建引领社会治理现代化模式，以党建领航实现“过河进湾”，建设“中心大沥”。

2. 南方日报：《打出“活力党建”品牌，南海大沥在谋划什么？》

大沥镇“活力党建”工作品牌聚焦“四活四力”年度总目标，即队伍展现活力、干部战斗力显著增强，治理注入活水、基层统筹力日益提高，党员更加活跃、支部组织力逐渐加强，阵地实现活化、党群凝聚力大幅提升。

具体来说，大沥将从基层治理、干部培育、人才保障、党群服务、阵地建设、基础党务等六方面入手，全面激活党员干部及基层党支部活力。在“全链条”优化治理方面，大沥将深化经济社一级队伍改革，每个农村社区至少新增1名经济社社长和党支部书记“一肩挑”人员。此外，大沥将深入开展“党建360·创熟全友邻”行动，包括建立43个社区居民议事厅、打造16个“创熟”服务工作站等，构建党建引领“创熟”工作新格局，并实施基层党支部“扛旗夺标”，以基层党支部“小力量”撬动全镇“大发展”。

在“全方位”保障人才方面，大沥将不断完善人才政策，打造包括重点人才子女入学政策在内的服务精准政策体系，并用心配套人才服务，将“沥+”服务品牌深化打造为“人才活力中心”，同时全力做好人才引育，实现海外引才常态化。在“全天候”服务群众方面，大沥将联动多元力量破难题，持续开展“红色直联日”，发挥驻点团队作用，扎实做好“一支部一品牌”“三张清单”服务机制，并实施“流动党员飞跃奖”“三有”行动，即有家、有学、有为。

3. 珠江时报：《“好队友”携手　共建党建示范带》

从广州中山八路一路西行，驶过珠江大桥到达芳村滘口，再沿着广佛路走一个公交站的距离，就到了南海的大沥黄岐。在民间，黄岐一直被人称作“中山九路”，多年前就经常能看到广州的公交车在这里穿梭。

从文化到交通再到商贸交流，大沥一直都是广佛同城化中的前沿地带。这里在广佛同城中有着无缝衔接的优势。聚焦广佛新城、广佛湾建设，2023年2月，大沥镇率先启动了广佛湾76个重点项目的建设，全力把广佛湾打造成为广佛全域同城化的标杆区域。

那如何实现这个目标？两地选择了以党建为媒，引领多个领域的合作，实现党建共建、人才共育、文化共融、社会共治，探索更广领域、更高水平、更深层次的同城化合作。荔湾—南海党建示范带就是带着这样的“任务”启动了建设。

对于大沥来说，荔湾—南海党建示范带的建设是机遇，也是使命。何谓之机遇？无论是2022年，佛山把大沥纳入中心城区范围，南海也将大沥纳入千灯湖中央活力区版图，抑或2023年大沥通过集中动工“过河进湾”十大项目、集中签约36个重点项目、发布110个重点项目，率先启动广佛湾建设……各种信号都在表明，在广佛全域同城化发展的崭新蓝图中，大沥已再次成为“中心”。

何谓之使命？在2023年2月举行的广佛湾重点项目启动仪式现场，南海区委提出，要全力把广佛湾打造成广佛全域同城化的标杆区域。这不仅对“中心大沥”提出了新要求，也让大沥的党员干部队伍扛起了新的使命。

那么如何把握机遇，勇担使命？如今，链接两地的广佛湾已成为织密广佛全域同城化的支撑点。荔湾—南海党建示范带启动建设后，作为两地中心地带的大沥镇，自然就需要修炼自身实力，成为示范带中的“活力担当”。

4. 南方日报：《深读丨“村社头雁”擂台上的大沥真功夫》

村（社区）党组织书记是实施乡村治理、实现城乡融合发展的“头雁”，锻造一支“勤学善谋、能干敢闯”的村（社区）党组织带头人队伍尤为关键。如何聚焦大沥城市发展，围绕“过河进湾、产业第一、项目为王、工商并举、品质领航”主线，下好乡村振兴“蓄力棋”？

擂台赛现场气氛热烈、紧张刺激，大沥首次采取农村社区三人组擂台赛述职形式，8个社区书记、驻点团队、经济社党支部书记“三人组”同台亮相、同台pk，进一步提高经济社一级党支部战斗力。

随后，现场进行了颁奖仪式。兴盛综合批发市场改造升级、凤池装饰材料市场（北区）拆除、46个专业市场整治提升等3个项目队伍获得“2022年度扛旗夺标贡献奖”；广湛高铁征拆行动、农村社区飞地管理问题、黑臭河涌整治、大沥电商产业园建设、大沥镇信访维稳积案化解、头部企业引进工程等6支项目队伍获得“2022年度扛旗夺标突破奖”。

5. 南方日报：《南海大沥：一支“铁军”的传承与淬炼》

任何一块铁矿石，都要经过开采、筛选、淬炼等流程之后，才能成为栋梁之材。一支“铁军”的成长，也同样如此。

“大沥铁军”不只是大沥的一块招牌，也是南海乃至佛山基层党员干部队伍的一道亮色。此次发布仪式，是大沥继去年首次发布“扛旗夺标”项目以来，又一轮以“铁军”队伍锻造为抓手，加快全镇高质量发展的行动开始。“大沥铁军”在保持品牌延续性的同时，顺应时代的要求，进一步扩大广度和深度。

“路线决定之后，干部就是决定因素。”一系列项目的背后，是一个个充满干劲的“铁军”。南海区委此前也提出，“淬炼干部队伍，打造一支敢打硬仗、敢于担当的南海雄师”。那么如何让大沥铁军加快成长？

大沥镇干部队伍淬炼提升计划的发布，正是针对这一问题。大沥建立“青锐铁军库”，通过组织“荐”、常态“访”、平时“考”、定期“研”、一线“练”、实绩“比”六大途径，探索年轻干部全方位成长机制。

让想干事者有动力、能干事者有舞台、干成事者有奖励，全面激发年轻干部干事创业的拼搏精神和责任担当，是大沥建设、淬炼铁军队伍的直接目标。俗话说“谋事在人，成事在天”，但是在大沥，这句话的后半句被改成了“成事在人”，就是为了说明干部在高质量发展中的突出作用。

6. 珠江时报：《落实“百千万工程”大沥火力全开》

A04 大沥观察/镇街

落实“百千万工程”大沥火力全开

2023年9月25日上午，在大沥镇召开的“百千万工程”工作推进会暨“扛旗夺标”项目汇报会上，一组亮眼的数据振奋人心：截至汇报会前，2023年大沥镇动工建设、已摘牌落地、挂牌项目涉及土地超过199.8万平方米（3000亩），预计投资额达400亿元，拟建设产业载体超过500万平方米。

这是大沥镇落实“百千万工程”精神、推动全镇高质量发展最坚实的底气。大沥要用“打破旧世界、建设新世界”的决心和勇气，在高质量发展的赛道上“杀出一条血路”。

这场“百千万工程”工作推进会，既是凝聚合力、打气鼓劲的思想动员会，也是分享经验、完善方法的业务交流会，更是锚定目标、火力全开的工作部署会。

落实“百千万工程”，大沥有哪些实招？路线图和方法论分别是什么？“中心大沥”和“百千万工程”有哪些联系？打破现有瓶颈，推进高质量发展，大沥要怎么干？

7. 南方日报：《“沥治”密码》

南海
A03
“沥治”密码
南海大沥以更具活力的党建工作体系加快推进“百千万工程”

许多改革创新，都是诞生在镇街乃至村社的一线。

2023年10月末，一场“高质量党建推动高质量发展”专题党课暨党建项目发布会在佛山市南海大沥镇召开。“党建小红格”“聚沥百千万 村社勇争先”大擂台等创新行动，令人对这个曾经以铝型材、内衣、商贸等产业闻名，近来又以网红经济等“出圈”的镇，有了新的认识。

近年来，大沥镇围绕党建引领高质量发展作出了大量有益探索。尤其是在今年，随着广东全面推进“百千万工程”，大沥镇委提出了建设“中心大沥”的战略目标。在“活力党建”品牌下，大沥以更具活力的党建工作体系，加快落实推进“百千万工程”。

43个“扛旗夺标”项目齐发力，取得阶段性突破；309个基础网格统一升格，社区可以对镇级部门“发令”；沥东社区党委引导以置换、土地物业入股等方式实现连片开发，引入优质产业项目落地；凤池社区“用51%的精力搞社会建设”，培育11支红凤志愿者服务队；嘉怡社区探索“五字”工作法，探索居民矛盾纠纷处理新模式……一系列改革创新，在大沥遍地生根。

2023年“七一”前夕，大沥更在广佛全域同城化机制下，推动了荔湾—南海党建示范带建设，涉及荔湾区与大沥镇接壤的12个社区、8个经联社，以及大沥镇与荔湾区接壤的11个社区。在示范带中，大沥深入探索党员教育管理、群众服务、产业合作、基层治理等方面的融合发展模式，将党建工作的机制推广到市域之外，逐渐实现“从相邻到相融”“从跨界到无界”的愿景。

随着各项工作机制的探索、成熟、创新，大沥党建引领高质量发展进入了更加高速稳定的轨道。

亲历者说

大沥镇党建和组织人事办公室主任　黎盛堂：

充分发挥先进典型示范效应，传播复制党建好经验

近年来，大沥镇围绕党建引领高质量发展作出了大量探索。如实施“扛旗夺标”行动，打破机关部门协作壁垒；聚焦打造广佛全域同城化标杆，联手荔湾区创建“荔湾—南海党建示范带”；启动经济社一级队伍改革，强化党对农村基层领导等。

在宣传工作上，我们探索了许多新的思路和做法。

一是多频次。依托南方+客户端大沥镇委党校订阅号，每周推出《组工周报》《红色直联日志》，对党建工作的实践成效、先进典型和工作品牌进行重点宣传推广，实现周周有动态，保持党建工作热度。同时，打造“聚沥微课”“聚沥有声”等五大专栏，全方位多角度呈现大沥党建工作成效，目前南方+客户端大沥镇委党校订阅号的总订阅数接近12万，总阅读数已超238万，广大党员群众的积极阅读，得到热烈反响。

二是树典型。大力实施“头雁工程”，开展社区书记“金雁奖”“飞跃奖”评选，组织村社两级头雁“打擂台”，共计评选3名“金雁奖”、13名“飞跃奖”，推出“金雁”宣传片《向前》，充分发挥先进社区的示范效应。此外，我们还联合南方+客户端创建“扛旗夺标　我在行动”专栏，紧密关注扛旗夺标任务进展，全程记录项目攻坚过程，收集报道项目亮点，宣传标杆典型，提炼优秀经验，营造干事创业氛围。

三是可视化。精心制作《组工周报》，利用微信群、朋友

圈、南方+客户端平台进行广泛传播，让党建工作更直观、接地气；明确党群服务站、组织生活馆建设标准，规范党务公开，打造党建工作有形载体。此外，围绕流动党员管理、青年党员教育、支部扛旗夺标和电商行业党建分别拍摄4个微视频，获区委组织部“学思践悟开新局　竞标争先建新功”主题党日微视频一等奖1个、二等奖1个、三等奖2个，获奖奖项在全区各镇街中数量最多。

宣传工作的推动，在很大程度上促进了党建工作开展。

首先是实现社区互学互比，让各社区党建工作可复制、可推广的好经验、好做法得到充分展示和传播，推动社区之间经验交流，如河东社区、沥东社区经验做法先后在《南海简报》《南海组工信息》刊登，得到广泛传播。

其次是城市形象展现，围绕“中心大沥”工作部署，宣传展示干部队伍精气神、基层治理路径和党群服务品牌等，吸引周边地区前来“取经交流”。

最后是党务水平提升。如今年通过“红领人才”和季度规范化调研等，成功在社区一级掀起党务比武热潮，沥中社区代表大沥镇获得“南海区村（社区）基础党务竞标争先比武活动”团体二等奖，队伍成员均获“党务标兵”称号。

第八章 精神文明建设，如何更加深入人心？

2023年大沥镇全民欢乐徒步节

城，所以盛民也。民，乃城之本也。城市不仅是居民的居住地，更是文明交流与进步的平台。实现高质量发展，不仅需要物质文明的丰富，更需要精神文明的支撑。精神文明是城市综合实力的重要体现，它关系到居民的生活质量和城市的内在品质。因此，精神文明建设显得尤为重要，它不仅能够提升市民的文化素养，还能够增强城市的凝聚力和向心力。

在城市化快速发展的今天，城市治理面临着新的挑战。一个有序、高效的城市治理体系，是确保居民安居乐业、社会和谐稳定的关键。精神文明建设对于提升城市治理水平、引导市民行为、塑造城市形象具有不可替代的作用。

大沥在精神文明建设方面作出了积极的努力，不仅丰富了市民的文化生活，还增强了他们对城市的归属感和对城市发展的责任感。这些活动旨在让文明理念深入人心，让每个市民都能成为文明创建的参与者和受益者，成功地将文明创建的理念融入市民的日常生活中，使得文明行为成为居民自觉遵守的规范。

此外，大沥还注重利用新媒体平台进行宣传，通过微信、微博等社交平台，及时发布精神文明建设工作的进展和成效，让市民能够随时随地了解和参与到精神文明建设中。这种创新的宣传方式，极大地提高了宣传的覆盖面和影响力。

大沥的实践表明，通过有效的宣传引导，可以提升市民的文明素养，增强城市的凝聚力，促进社会的和谐稳定。未来，大沥镇将继续加强精神文明建设宣传工作，不断提高宣传的质量和效果，为推进“百千万工程”贡献更多的力量。

一、到群众的心里去

做好精神文明建设工作，首先就是要到群众中去。

群众路线是党的生命线和根本工作路线。它要求各项工作必须始终坚持从群众中来、到群众中去，密切联系群众，倾听群众的声音，反映群众的愿望，解决群众的困难。在精神文明建设中，走好群众路线尤为重要。这不仅能够确保我们的工作贴近实际、贴近生活、贴近群众，还能够赢得群众的理解和支持，形成强大的工作合力。

大沥镇在推动城市治理和精神文明建设工作中，始终坚持群众路线，把增进人民福祉、让广大群众在城镇化进程中有更多获得感、幸福感、安全感作为工作的根本出发点和落脚点。通过深入基层、深入群众，大沥镇的精神文明建设得到了广泛的认可和支持，有效提升了全镇的城市文明水平。

大沥镇位于广佛交界地区，人口结构复杂，常住人口约80万，实际管理的人口数量超100万。在这样的背景下，如何加强宣传教育引导，成为大沥镇面临的一个重要课题。在第十四届中国全面小康论坛颁奖盛典上，大沥镇因开展“城市治理面对面”活动而荣获“中国十佳民生决策”奖，这是对大沥精神文明建设工作深入群众的肯定。

以交通秩序整治为例，2020年10月26日，大沥城市治理面对面活动在南海新都会广场举行，交警与市民等针对电动自行车、摩托车的文明驾驶行为等话题进行了面对面的交流。紧接着在同年11月26日，大沥城市治理面对面（第四场）在黄岐中学举行，交警、交通志愿者、学校师生等就电动自行车上牌规则、如何保障道路交通安全等话

大沥“微文明齐参与”系列公益短片宣传海报

题进行了深入探讨。这种面对面的交流方式，让群众能够直接参与到城市治理中来，增强了群众的获得感和安全感。

除了面对面的交流，大沥镇还通过海报、宣传册、实地走访等形式，发动各界广泛参与。2023年上半年，大沥镇工作人员分4个片区，实地走访新时代文明实践所（站）、中小学校、道路、便民服务站点、农贸市场、小区、商超等场所。六村社区“两委”干部联合社区网格员对辖区进行全面检查，针对“牛皮癣”等问题立即进行整改；谢边社区、横江社区在更新公益宣传海报的同时，加大宣传力度，引导广大群众及商铺主增强公共卫生意识，调动居民自觉做好人居环境的积极性，共同创造文明健康的生活环境；河西社区联合直联驻点团队开展文明城市创建行动，向市场摊位主、商铺主以及社区群众派发宣传单。

大沥镇还将精神文明建设和城市治理宣传深入到各种活动中。2023年6月3日，大沥镇举行了“中心大沥　活力前行”全民欢乐徒步节“百社万人行”活动，吸引了27个方阵、上万人踊跃参与。活动途经百里芳华、南海火柴厂旧址、迴龙龙舟训练基地、黎边泵站河畔公园等签注点，终点设在灯湖中轴城市展厅，用脚步丈量大沥，感受城市蝶变。随后，大沥镇十余个社区、上百个经济社也组织了徒步活动，激发群众热爱家乡，投身家乡建设的豪迈激情。大沥还制作了乡村振兴文创地图，市民群众可在拼图过程中，了解到大沥的传统文化习俗、特产以及特色地标。

这样一些到群众中去的宣传，很接地气，广泛发动群众，在大沥营造出人人参与精神文明建设、人人支持城市治理的浓厚氛围。通过这些活动，大沥镇不仅提升了城市文明水平，还增强了群众的归属感和自豪感，让群众真正成为城

大沥“城市治理面对面”活动现场

市发展的参与者和受益者。

通过坚持群众路线，不断创新宣传方式，加强宣传教育引导，大沥让更多的群众参与到城市治理和精神文明建设中来。群众的智慧和力量聚在一起，共同推动大沥镇的城市文明建设，创造更加美好的城市生活。

二、善用互联网空间

文明一个人，滋养一座城。一座文明的城市，不仅存在于宏伟的建筑和宽阔的街道上，更存在于每个市民的言行举止和精神风貌中，存在于网络空间里。做好城市文明的宣传，必须用好网络空间这一新的宣传阵地。

近年来，广东积极开展网络文明建设工作，推动完善网络文明建设制度设计，推进互联网内容建设，弘扬新风正气，深化网络生态治理，网络空间正能量更加充沛，全省共建共享网上美好精神家园的氛围日渐浓厚。

作为广佛都市圈的重镇，大沥坚持系统观念，加强统筹谋划，以时代新风塑造和净化网络空间，推动网上网下文明建设有机融合、互相促进。大沥通过互联网渠道开展的文明建设，不仅仅是一种宣传手段的创新，更是一次文明理念的深入人心。

其中的重点，就是用好新媒体手段，在互联网空间上做好精神文明建设，帮助提高市民的文明素养，引导市民热心参与，做好文明言行的参与者、实践者与传播者。

新媒体手段，首先是群众喜闻乐见的短视频。2022年6月，大沥宣文办自主策划打造的“微文明　齐参与”系列公益短片正式上线，成为佛山镇街首套微文明系列公益广告片。其中，《指尖上的文明》倡导利用自己的双手给社会带去更多的正能量；《耳尖上的文明》倡导在公共场合降低音量，别让不文明的声音，掩盖生活原有的美好；《舌尖上的文明》倡导“不浪费食物”“不在公共场所吸烟”等；《车轮上的文明》倡导安全与文明同行……短片不仅在“南海大沥”公众号平台播放，而且推广到了佛山市的地铁车厢等平台。

佛山首套微文明系列公益短片

大沥黄岐一河两岸风景

要用好短视频，一方面可以完全自主打造，另一方面还可以借用已有的网红元素。2023年初，大沥镇文明办打造了《狂飙——文明系列》创意短视频，借助热播剧《狂飙》的场景，营造宣传氛围。如《狂飙——文明系列》第二集交通特辑，介绍了飙车会带来哪些严重后果，获得市民和网友的好评。

在做好正面引导的同时，借力媒体监督也有奇效。2020年开始，大沥镇在公众号推出“大沥文明眼”栏目，并在电视台推出“巡城马”栏目。市民可以通过电话、微信公众号等多种渠道反映身边的不文明现象。媒体曝光后，相关部门立即跟进，督促整改，对不文明行为“零容忍”。通过这样的方式，推动各部门提升精细化管理水平，同时增强市民文明意识，在全社会营造共建共治共享的良好氛围。

从线下到线上，从街头巷尾的物理空间，到纷繁多彩的网络空间，大沥镇的精神文明建设及城市治理宣传不断取得新成效。

《狂飙》短视频海报

实践案例

移风化俗，新风扑面

◎策划思路

大沥作为经济和人口大镇，精神文明建设工作点多、面广、线长，挑战与机遇并存，难点痛点问题不少。在推动城市文明进步的征途上，大沥展现出了坚定的决心和不懈的努力。

第一是树典型。连续多年举办“大沥记忆·十大感动人物”等活动，树立了一批优秀人物典型，向全社会树立崇德向善、见贤思齐的鲜明导向，引领大家从身边点滴小事做起。这些平凡的善举不仅传递了温暖和善意，也为大沥高质量发展注入了源源不断的精神力量。

第二是建阵地。大沥推进“1+43+N”新时代文明实践阵地建设，实现新时代文明实践所、站、点全覆盖，构成“15分钟文明实践服务圈”，真正打通了宣传群众、关心群众、服务群众“最后一公里”，使得文明实践的种子在每个角落生根发芽。

第三是善创新。大沥用好“巡城马”“议事厅”等机制，并把“城市更新面对面”等开到村居一线、群众身边，并利用LED电子屏、移动宣传车、文明智慧广播、微信公众号等全媒体渠道进行广泛传播。大沥还组织全镇中小学、幼儿园开展主题班会课，宣讲交通安全等。各学校通过校讯通、班级群等方式，覆盖全镇超10万个学生家庭。

第四是优渠道。通过新媒体宣传渠道，创新宣传形式，展现城市魅力。如制作“微文明　齐参与”7条公益短片，引导文明习惯养成。除了在镇内主干道、公交站亭等渠道投放外，大沥还创新宣传方式，投放微信广告，把相关宣传做到了大沥人的朋友圈里。除了发朋友圈广告，大沥还推出交通秩序整治提升闯关小游戏。全镇超20万人次参与闯关挑战，寓教于乐，有效提升了市民对交通安全的认识。

◎媒体报道（摘要）

1.“南海大沥”公众号：《大沥微文明系列公益宣传片，来了！》

文明是一座城市最亮的底色也是凝聚起众志成城不断前行的强大合力然而，日常生活中你是否有这样的经历：看见漂亮的花朵，想据为己有；遇到美味的菜肴，想全部品尝；前面的车开得太慢，想一脚油门超过去……勿以善小而不为，勿以恶小而为之。让我们从身边小事、细微之处着手养成文明好习惯。

文明，为城市赋能添彩

城市，携文明阔步向前

文明一个人，滋养一座城

2. 南方日报：《南海大沥新时代文明实践所启用，让精神文明实践“活”起来》

“工匠精神是什么？我的理解是勇于创新、敢于突破、用心服务三个词。”7月13日，2019年南海“大城工匠”谢志军在新启用的佛山市南海区大沥镇新时代文明实践所，为盐步职业技术学院的学生带来了一场生动的“匠心课堂”。

新时代南海讲堂之“匠心课堂”首讲在大沥镇新时代文明实践所开课，拉开了南海新一轮宣传、弘扬工匠精神的热潮，也为大沥今年的精神文明建设工作注入“匠心”的内涵。当天，大沥镇新时代文明实践所、广东书法园线上数字展览云平台及实践所线上地图同步发布。

据了解，大沥镇新时代文明实践所新所位于盐步公园广东书法园内，占地1万多平方米，包括实践所展厅、广东书法园、文明实践公园三大板块，将打造集理论宣讲、爱国教育、志愿服务、传统文化、文明培育、休闲娱乐于一体的多功能宣传服务平台。

其中，实践所展厅以广东书法园一楼东侧的功能室为载体，占地面积335平方米。展厅主要分“精品荟萃”“知行合一”“城市聚力”三大板块，分别展现大沥城市治理特色模式、文明实践特色活动、大沥产业特色品牌内容。另有“我们的节日”“知识大竞猜”“领略佛山非遗之美”等互动功能和空间。既为前来参观的嘉宾展示大沥的特色文明实践，同时也通过互动体验加深群众的参与感、获得感。启用当天，嘉宾们玩得不亦乐乎。

展厅将突出文明实践功能，常态化开展以宣讲理论政策、组织文化活动、培育文明风尚、开展培训教育、提供人文关怀为主要的文明实践活动，并将综合运用“互联网+”方式，通过微信、移动客户端等渠道，及时发布实践内容和信息，交流工作情况，打造文明实践信息互通共享的平台，进一步加强大沥镇基层宣传思想文化工作和精神文明建设。

大沥镇新时代文明实践所（站）地图上线，为群众打造了“指尖上的新时代文明实践所（站）”。在云端，太平牌坊、西洋博物馆、九龙公园、龙母庙等大沥代表景点建筑、大沥镇城市整体风貌以手绘的形式呈现，1个新时代文明实践所和42个新时代文明实践站的详情、特色活动一览无余。

大沥是商贸重镇，也是文化强镇。为满足全镇群众日益增长的文化需求，推动新时代文明实践走深走实，近年来，大沥紧抓粤港澳大湾区、广佛全域同城化和南海区创建广东省城乡融合发展改革创新实验区等机遇，聚焦推动乡村振兴，以文化人，整合资源，牢牢占领基层思想文化阵地，大力弘扬共筑美好生活梦想的时代新风。

新时代孕育了新文化，催生了新梦想。大沥将一如既往地坚守初心，用匠心匠魂一手抓载体建设，一手抓实践开展，真正做到“群众在哪里，文明实践就延伸到哪里”。

3. 南方日报：《大沥沥雅入选全国“最美志愿服务社区”》

“老马，你好好在家养身体，合唱队的队员都盼着你早日回归。”这天中午，在南海区大沥镇沥雅社区，志愿者谭爱莉走进社区居民家进行慰问。这已成为她过去几年来的日常工作。

年近七旬的谭爱莉是沥雅社区的4262名志愿者之一。2017年沥雅社区成立，成为南海“最年轻”社区之一。这里常住人口两万人，其中户籍人口8200人，外来人口占比过半。

为了更好地推动社区治理，沥雅社区自成立起就立足居民多元需求，注重志愿阵地和队伍建设，不断擦亮社区“创融沥雅”志愿服务品牌，形成“1+9”志愿服务队伍体系；注重志愿服务阵地建设，在七大住宅小区党群服务站设置志愿服务站点，为社区志愿服务提供阵地支撑，让志愿服务成为社区最亮丽的风景。

今年3月，中共中央宣传部、中央文明办等部门评选的全国“100个最美志愿服务社区”中，沥雅社区榜上有名，成为佛山唯一上榜的社区。

挖掘关键群体，壮大志愿服务队伍

谭爱莉没有想到，退休后能够结识到这么多志同道合的好友。自2019年搬到沥雅社区以来，通过参与志愿服务工作，她成为了沥雅社区合唱队队长、安全大使队伍骨干成员，退休生活更加充实而有意义。

沥雅社区位于南海大沥镇，毗邻广州，前身是连片的村级工业园，周边专业市场林立。近年通过“旧改”，这里建起了一批住宅小区、企业总部和商业综合体，吸引了五湖四海的人安居乐业。

多元的人口结构也给新社区治理带来了烦恼。常住人口两万人，其中户籍人口8200人，外来人口占比过半，如何让相互陌生的居民熟悉起来，营造融洽互助的社区氛围，成为社区面临的重要课题。

为了更好地推动社区治理，沥雅社区自成立起就立足周边资源优势，把志愿服务作为社区治理的重要基础。

“社区内包括了七大住宅小区、八大企业总部大楼、两大商业体、两大休闲公园，拥有九龙公园支援旗舰V站、大沥社会工作服务站、大沥镇广佛智城党群服务中心等丰富的志愿服务支持。”沥雅社区党支部书记、居委会主任吴俭涛介绍，这些有利条件为社区志愿服务队伍建设提供了重要支撑。在此基础上，社区通过挖掘党员、小区楼长、热心居民和商家、群团骨干组等关键群体，逐步建起志愿服务队伍。

以广东省“双百”社工项目落地为契机，沥雅社区组成了民政对象志愿服务队，每月走访行动不便长者、独居老人等特殊群体，为他们提供个案救助、心理疏导，并为他们实现“微小心愿”10个，通过少数人带动多数人，在社区形成守望相助的良好氛围。

“志愿服务拉近了人与人的距离，让社区的陌生人成为了熟人。”让谭爱莉颇为感动的是，自己一次意外摔倒扭伤了脚，行动不便，社区志愿者对自己进行无微不至的照顾，这让她坚定了把志愿服务做下去的决心。

社区居民既是志愿服务参与者，也是受益者。如今在沥雅社区，每五位社区居民就有一名志愿者，“创融沥雅”社区品牌不断擦亮。

引入社工培训，打造专业品牌服务

随着参与志愿服务人数不断增加，社区更加注重志愿服务质量的提升。通过引入专业社工对各类志愿者进行针对性的培育，对志愿服务小分队队长进行管理培训，加入特色的课程，赋予他们身份（小袖章），表彰优秀志愿者等，让志愿者有归属感、荣誉感，逐步形成了“1+9”的志愿服务队伍体系。

林剑辉是沥雅社区的一名党员志愿者，30多岁的他参与志愿服务已经有20年，累计服务时数达到1300小时。虽然搬到社区只有一年多时间，但凭借丰富的志愿服务经验，他积极参与到社区防疫、寒暑义教体验营等志愿服务中。“只要做志愿服务就会开心，可以帮到人，也充实了自己。”他表示，现在的志愿服务越来越专业化，这对志愿者也提出更高要求。

“每逢寒暑假，照看家里的‘神兽’是打工一族的难题，社区组织的义教体验营就帮了我们不少。”志愿者谭家君有两个孩子，他们在社区志愿者的帮助下，学习剪纸、书法等才艺，谭家君也不用再担心孩子无人照看的问题。“社区主导，加上熟悉的志愿者帮忙，我很放心！”谭家君说。

此外，沥雅社区还动员居民根据兴趣特长开展“党群携手促共融”志愿服务项目，如由来自五湖四海的“宝妈”发起“家乡味·家乡情”美食制作促共融志愿服务项目、妇女技能提升计划等，促进社区居民融入小区、营造和谐幸福的社区氛围。

据统计，2017年至今社区共举办线上线下品牌活动1186场，平均每年组织志愿服务活动262次，覆盖长者、青少年、妇女、儿童等群体，约10万人次参与。“家乡味·家乡情”系列美好美食分享活动、“我们的节日”主题活动、寒暑义教体验营、“美好家庭养成计划”、妇女技能提升计划、垃圾分类为主题的便民服务、文明养犬宣传活动、幸福院长者服务等深受居民喜爱。

“共融”+“增能”，探索小区治理路径

随着志愿服务队伍的壮大和志愿服务品牌建设，志愿服务队伍在参与沥雅社区的治理中发挥越来越重要的作用。

为了更好地挖掘志愿骨干力量的正向作用，沥雅社区搭建了线上议事智囊团和“创融茶话会”两个议事平台，共性问题线上议、突出问题线下议，至今开展32场线上议事和26场“创融茶话会”，发动党员、居民代表、楼长、志愿者、意见领袖、妇女群团骨干多元主体约3000人次参与。议事话题涉及消防安全（电动车违规上楼充电、高空抛物）、文明养犬、疫苗接种等，多渠道收集居民的意见建议，为后续的治理提供支持。

除了参与共性议题的讨论，沥雅社区志愿服务还积极探索“一小区一特色治理项目”，拉出一支小区特色队伍，运用“创融茶话会”，就小区突出问题讨论，并由特色小分队参与后续整治行动。比如，保利公馆住宅小区以小区安全问题为导向，拉出一支“安全大使”志愿服务小分队，从2019年至今，50余人的队伍连同党员、居民骨干、楼长一齐劝导电动车上楼充电、宣传高空抛物危害、清理楼道杂物等，小区安全问题得到有效缓解。

在雅瑶绿洲小区，针对“新市民融入困难”的问题，社区志愿者积极开展邻里友好互助系列行动，如率先推行楼长制，楼长充当调解员、宣传员角色，促进新市民融入社区生活。在融御花园小区，以“垃圾不落地”为重点，社区组建了“环保大使”队伍，通过系列线上线下议事、宣传活动、入户巡检，大大提升居民垃圾分类和环保意识。

在过去两年多的疫情防控工作中，志愿服务对社区治理的支撑作用得到了充分展现。

“最近又经常看到穿着红马甲的社区志愿者宣传新冠疫苗接种和防疫的注意事项，我觉得十分安心。”在社区居民陈丽芳眼里，这一片片流动的“志愿红”，是让她坚定战疫成功、迎接美好明天的力量。

自2020年春节开始，沥雅社区动员志愿队伍、物业队伍夜以继日持续抗击新冠疫情。2021年5月、6月，沥雅社区在39天内开展了7次大规模核酸检测工作。在最需要人力支援的时候，社区招募志愿者，仅半小时就有约80人报名。

今年以来，为了应对严峻的疫情防控形势，沥雅社区志愿服务队再次迅速集结30余人，与大沥铁军、社区工作人员一道开展入户宣传工作，为防疫工作的开展作出重要贡献。

吴俭涛介绍，为了进一步推动志愿服务建设走深走实，接下来沥雅社区将继续加强阵地建设，逐步在七大住宅小区内建设志愿服务点，把志愿服务阵地从党群服务中心、党群服务站，延伸到小区内；加强志愿服务队培育，推动管理制度化、规范化；发掘核心骨干，通过公益创投增强骨干凝聚力；继续聚焦文康体、创熟、小区治理三大领域，通过建立资源联动机制，推动志愿服务工作可持续发展。

亲历者说

大沥镇文明办副主任　黎毅诚：
让精神文明建设与群众面对面

近年来，我们在宣传中特别注重不仅要高大上，更要接地气，制作了“面对面”系列、“狂飙”系列、微文明系列等短视频栏目。其中，“面对面”作为改进工作方式、畅通民意表达渠道、倾听市民心声的新形式，对于推进精神文明建设、城市治理起到了非常重要的作用。

2014年4月，由大沥镇政府主办、佛山电视台大沥广播电视站承办的大型时政类线下活动首创性地开启，2015年10月定名为《大沥面对面》，采用视频播放、嘉宾访谈、观众互动、有奖问答相结合的方式与观众进行交流互动。

《大沥面对面》主要借鉴广州等地的市民论坛形式，创造各界自由交流的平台。创办近十年来，活动深入社区、学校、企业、广场、公园，与市民就政府中心工作、民生热点等进行面对面沟通交流、讨论，并制作成专题栏目在大沥电视台黄金时段播出，成为大沥镇对外宣传品牌项目之一。

《大沥面对面》摆脱照本宣科的生硬宣教模式，根据群众关心的热点重点问题，设置了“法治村居大家谈”“美城美家共参与　环境改善齐得益”“城市管理　有我有你”“花满沥城　我爱我家”“公民社会责任大家谈”“食品药品安全社会共治”等多个接地气、贴生活的热门话题，努力让群众交流有热情、专家发言有质量、部门宣讲有主线，从而增进市民对党委政府工作的理解和支持，提升群众对大沥发展的认同感和归属感。

在宣传手法上，大沥镇一方面运用传统平面媒体、广告、广播等形式对活动进行推介，另一方面也充分利用微博、微信、客户端等新媒体扩大影响力，积极增加市民对活动的了解。通过良好有效的宣传模式，《大沥面对面》也成为大沥深入人心的交流平台和推动工作的有力抓手。

2019年，面对面活动升级为“城市治理面对面”，主题更加鲜明，以更深入，更直接的方式，把群众身边的矛盾问题、困难问题，以公开探讨、说理、共商的形式，推动城市治理中民生热点问题的解决，形成共建共治共享的城市治理长效机制。

第九章 “百万大V”，如何炼成？

“网红之城　中心大沥”——2023年湾区镇能量传播共创大会在大沥召开

在珠三角这片充满活力的土地上，镇街党委政府巧妙运用微信公众号这一平台，如同织就一张信息的网，将政策的种子撒向每个角落。这不仅让政府的决策更加透明，也让外界看见珠三角镇域的独特风貌。

在这里，公众号不仅是信息的传递者，更是发展的助推器。它将珠三角的制造业基地、高新技术产业开发区等宝贵资源，以图文并茂的形式展现给外界，促进地方经济的高质量发展。

大沥镇政务公众号“南海大沥”是国内镇街公众号的典型代表。2023年初，“南海大沥”公众号的粉丝量突破100万，成为全国首个百万级镇街公众号。这个镇域领域的“百万大V”是如何成长起来的？它有哪些成功秘诀？

一、全国出圈，镇街平台新纪录

2023年4月25日，“网红之城　中心大沥”——2023湾区镇能量传播共创大会在南海国际会展中心举行。来自重庆华龙网、武汉长江网、深圳新闻网、南京龙虎网等全国重点城市新闻网站的媒体代表们从大沥出发，一起深入大湾区发展最前沿区域，通过对城市、产业、文化进行采风，体验全国百强专业镇的制造业发展水平，感受广佛新极点的岭南文化魅力。

他们为什么来？这一趟，他们希望以大沥为契机，探讨湾区镇能量传播态势，为全国各级政府强化政务传播能力、赋能城乡融合发展和基层社会治理提供参考。

在2023年初，“南海大沥”公众号的粉丝突破了100万，成为全国4万多个乡镇街道中首个也是全国唯一一个粉丝数破百万的镇街公众号，粉丝远超过常住人口，还拥有40万标星常读“钻石粉”。如果按直播电商私域粉丝计算，“南海大沥”公众号估值超3亿元。

围绕中心、内容为王、服务至上、与众不同，是“南海大沥”运营的“十六字秘诀”。在这个过程中，大沥紧密围绕区委和镇委中心工作，创新宣传表达形式，以“活”字引路，做大做强主流宣传舆论工作，将“硬宣传”变为“软传播”，将“硬广告”变为“软植入”，让政务宣传更活泼、新颖和接地气，走出一条别开生面的宣传路径。

围绕中心，就是大沥要干什么，就传播什么。政务宣传，从不缺位。“南海大沥”根据中心工作主动策划、全媒体宣传，做有传播影响力的宣传。

内容为王，就是读者喜欢看什么，就创造什么，做接地

“南海大沥”公众号宣传推广海报

“南海大沥”粉丝突破100万海报

气、有烟火气的宣传。2022年，“南海大沥”公众号阅读量高达2500万，10万+爆款35条，粉丝年增长50万，2023年，连续多个月霸榜佛山政务新媒体影响力榜单，拿下阅读量、WCI（微信传播指数）全市镇街“双第一”。

服务至上，就是群众需要什么，就链接什么。“南海大沥”在全市率先上线“一站式综合服务平台”，归集70多种服务，年使用量高达700万人次。

与众不同，就是别人都做什么，就不做什么。当别人仅仅做传统公众号的时候，“南海大沥”已经率先探索微信视频号、抖音号、小红书等平台。当别人在做传统宣传片的时候，大沥已经在做创意短视频、MV、微电影。此外，“南海大沥”还在佛山各镇街推出了首个专属主播、首个AI主播。“南海大沥”紧抓节点策划，借热点造话题，增强与读者的互动，开展大沥IP面孔宣传。视频号上线首年，年度播放量跃居全区镇街第一。

复旦大学新闻学教授张志安认为，把服务做到极致，把内容做到极致，最后把一个号背后的人格属性和IP价值做到极致并一以贯之，才是最高境界。“南海大沥”运营的内在基因就是把贴近性的服务做到极致、没有边界，并不断根据需要去对外延伸，牢牢扎根于大沥的发展。

“城市战争”公众号运营经理孙亚东认为，大沥是著名的商贸重镇，这两年在新经济领域——直播电商也发展得风生水起。大沥的区位优势也很好，靠近广州，可以说是二线城市的营商成本，享受着一线城市的配套资源。孙亚东也为大沥打造“网红城市”提出了自己的建议。他认为，从大沥

2024年，“南海大沥”阅读量、用户量连续12个月位居全市镇街第一

到白云机场、广州南站都非常便捷，大沥未来还可以在吸引年轻人这方面再加一把劲，比如引进网红咖啡店、建设美术馆和公园等，真正地变成一座网红之城。

长江星辰在线副总编辑王重浪认为，打造网红城市，需要依托主力军，占领主阵地，打好主动仗，主动去设置话题，主动去引导用户唱好主旋律，符合社会主义核心价值观的观念。“一座城市能不能成为网红，要看它的理念是不是为广大人民群众所接受、接纳，这才是最关键的流量密码，要全心全意为人民服务，真真实实为人民生活幸福去工作，这才是打造网红城市的根本目的所在。”

佛山市委网信办相关负责人对“南海大沥”的创新做法表示肯定，“这也是佛山政务新媒体健康快速发展的一个缩影，是一个很好的示范。”南海区委宣传部相关负责人评价：“平台贴近用户生活的方方面面，是运用新媒体服务用户的一次积极尝试，也是南海政务新媒体服务坚持创新的一个缩影。”

2023年8月29日，中国城市网盟“CEO圆桌荟”在南京开幕，“南

媒体转载2023年湾区镇能量传播共创大会的报道

海大沥”编辑部作为佛山唯一代表受邀参加，现场作《深挖服务价值　打造基层治理“佛山大沥模式”》分享；11月1日，2023中国城市网盟总编辑高峰论坛在青岛举行，“南海大沥”分享全国首个百万粉丝“南海大沥”账号运维、生态共创的经验做法，“大沥模式”再次走向全国。

2024年5月30日，北京日报旗下“北京日报”“长安街知事”公众号发表评论员京平的文章《洗牌之后，政务新媒体下半场怎么走》。其中专门提到，由于《关于防治“指尖上的形式主义”的若干意见》要求“对于使用频率低、实用性不强的政务应用程序，应及时关停注销并提前发布公告”，各地对政务新媒体关停并转，一些鸡肋账号就此消失；与之同时，也有一批网感强、内容实、形式新的政务新媒体火出了圈——天气、招聘、教育、交通、租赁、文旅、消费，广东省佛山市南海区大沥镇的“南海大沥”公众号上各类民生信息应有尽有，热气腾腾贴近性十足的“生活态”备受追捧。

“南海大沥”公众号负责人受邀在浙江省新闻发言人培训分享交流

2024年6月17日至6月21日，浙江省委组织部、省委宣传部在深圳举办浙江省新闻发言人培训班。19日晚，浙江广播电视集团经济生活频道举办《有请发言人》沙龙，参加对象为浙江省直有关部门新闻发言人、各设区市党委政府新闻发言人，以及部分省属企业新闻发布工作负责人等。其中，“南海大沥”公众号负责人与“深圳卫健委”获邀出席沙龙，分别进行40分钟的政务号新媒体运营经验分享。

正如京平所说，同样的载体、鲜明的对比，为下半场的政务新媒体运营提供了启示。

二、省市褒奖，“南海大沥”为什么行?

把政务新媒体平台做好，意义不仅在于平台和宣传工作本身，更在于能直接推动基层治理、城市发展。那么如何把这个作用发挥

第十一届广东省市直机关“先锋杯”工作创新大赛决赛

出来？

在第十一届广东省市直机关“先锋杯”工作创新大赛中，大沥以“培育全国首个百万粉丝镇街政务号，深挖服务价值打造基层治理‘大沥模式’”项目参赛，荣获该赛事“服务增效”类三等奖，也是全省唯一来自宣传系统的获奖案例。这是继2023年4月，大沥举办2023湾区镇能量传播共创大会并吸引来自全国多地的媒体、宣传部门考察后，“南海大沥”的又一次出圈。

这是一项什么比赛？大赛由广东省直机关工委、省委改革办、省总工会、团省委、省妇联联合主办，以“抓党建 强队伍　促发展建新功”为主题，来自全省21个地市党政机关以及省直、中直驻粤单位的4000多个团队、2万多名党员干部职工围绕省委“1310”具体部署，从发展提质、服务增效、党建赋能三大方面，展现了立足岗位、推动发展、服务群众、争先创优的生动实践。

在省级比赛获奖之前，大沥就曾以“南海大沥”政务微信公众号“百万粉丝”“千万阅读”为案例，参加第八届佛山市区直单位“铁军杯”工作创新大赛，经过文本和现场展示，一路“过关斩将”，取得服务增效类别创新案例三等奖。这是本类别南海区唯一获等级项目，佛山市唯二获奖镇街。

大沥获奖荣誉证书

此外，在2024年2月1日，在佛山政企传播力创新交流大会上，“南海大沥”获得“佛山政企传播力创新爆款案例”“佛山优秀政企新媒体（镇街）”两大奖项。2023年4月29日，“南海大沥”在第二届佛山网络文明大会上，作为唯一“新媒体”平台账号，获评2023年度佛山市网络正能量传播表现突出奖。

为什么大沥能够获奖？基层工作创新，不一定都是很大的投入或高大上的技术创新，更多是在服务理念、工作方法、制度模式上的创新。

近年来，大沥在公众号打造中不断强化“政务+服务+美学”的运维理念，不断为群众办事、企业发展、城市形象提升、基层治理赋能增效。虽然“百万粉丝”这一标签很重要，但这背后不只是简单的公众号现象，而是一个以大沥为代表的佛山、广东基层政务新媒体发展的“超级现象”。

例如，“南海大沥”公众号在全省上线首个镇街一站式民生服务平台，涵盖民生功能超70种，年服务人次高达700万次，人均服务9次；全省首个镇街线上派发防疫健康大礼包，带动企业派发423万

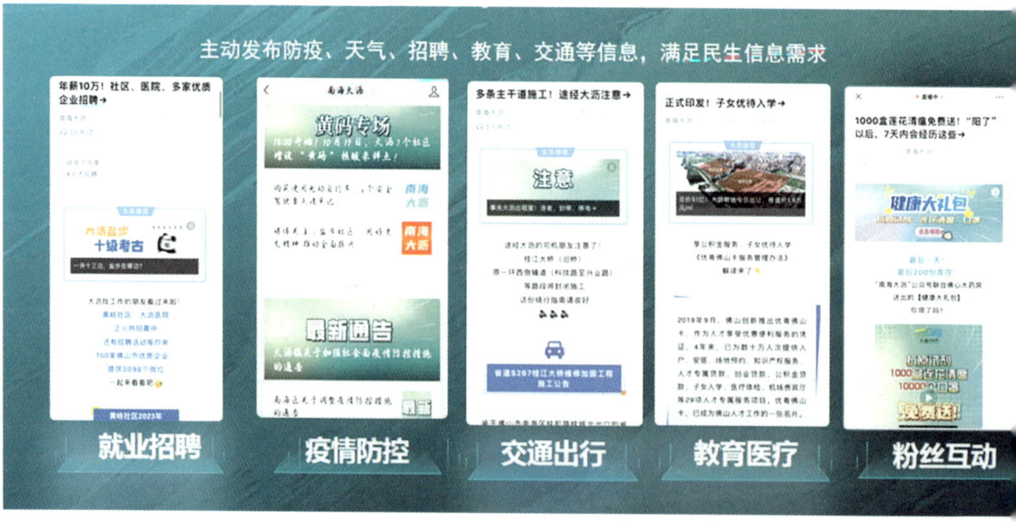

“南海大沥”公众号发布民生信息

片（袋）、8万毫升的退烧药，价值超200万元，体现了社会温度。

在价值创造方面，“宣传”也是“生产力”。围绕促消费、促发展，“南海大沥”做了大量工作，如开发全省首个镇街生活平台“大沥点评”，服务超20万人次，专注本地特色，重塑市民生活方式。

南海大沥的“百万成长之路”“千万超级现象”正是基层政务新媒体创新发展的探索之路，服务增效赋能治理的实践样本。

正如张志安所说，“南海大沥”基层政务机构新媒体成功的秘诀在于“贴近贴近再贴近、服务服务再服务”，充分深挖和释放出贴近服务的价值。

◎**媒体报道（摘要）**

1. 人民日报客户端、新华网：《从全国出圈到省赛获奖，解码“南海大沥”的理念与模式》

人民日报报道　新华网报道

把政务新媒体平台做好，就能直接推动基层治理、城市发展。那么如何把它做好？

一个来自广佛黄金走廊、中国商贸名镇的答案出来了。2023年11月29日，在第十一届广东省市直机关“先锋杯”工作创新大赛中，佛山南海大沥镇以“培育全国首个百万粉丝镇街政务号，深挖服务价值打造基层治理‘大沥模式’”项目参赛，从全省4000个参赛项目脱颖而出，荣获该赛事“服务增效”类三等奖。

今年以来，南海大沥积极推动“百千万工程”。此次参赛，大沥是“服务增效”类佛山唯一获奖镇街，该项目是全省唯一来自宣传系统的参赛项目。这是继2023年4月，大沥举办2023湾区镇能量传播共创大会并吸引来自全国多地的考察后，“南海大沥”的又一次出圈。

一个小镇的发展可以走向全省全国，一个镇域政务新媒体助力发展的样本也是如此。

2. 南方日报：《解码百万粉丝政务号“南海大沥”》

近日，在第十一届广东省市直机关“先锋杯”工作创新大赛中，佛山南海大沥镇以“培育全国首个百万粉丝镇街政务号，深挖服务价值打造基层治理‘大沥模式’”项目参赛，从全省4000个参赛项目中脱颖而出，荣获该赛事“服务增效”类三等奖。

2023年以来，南海大沥积极推动“百千万工程”实施，此次参赛，大沥是“服务增效”类佛山唯一获奖镇街，该项目是全省唯一来自宣传系统的参赛项目。这是继4月大沥举办2023湾区镇能量传播共创大会并吸引来自全国多地的考察后，“南海大沥”的又一次出圈。

A04 城事·专题

深挖服务价值，打造基层治理“大沥模式”

解码百万粉丝政务号“南海大沥”

一个小镇的发展模式可以走向全省全国，一个镇域政务新媒体助力发展的样本也是如此。

创新思路：“出圈”不一定需要大投入

第十一届广东省市直机关“先锋杯”工作创新大赛，是一项什么比赛？

此次大赛分设发展提质、服务增效、党建赋能三个类别，42个项目进入服务增效决赛。11月29日，经过“视频+讲演”的形式，大沥在全省4000个项目中脱颖而出，荣获“服务增效”类项目三等奖。

“基层工作创新，不一定都是很大的投入或高大上的技术创新，更多是在服务理念、工作方法、制度模式上的创新。”大沥镇宣传文体旅游办公室主任刘成表示。

日前出炉的最新佛山政务微信公众号影响力排行榜上，“南海大沥”阅读量、影响力位居全市镇街总榜第1、全区总榜第2、全市总榜第3。

今年前期，大沥以“南海大沥”政务微信公众号“百万粉丝”“千万阅读”为案例，参加第八届佛山市区直单位“铁军杯”工作创新大赛，经过文本展示和现场展示，一路“过关斩将”，取得服务增效类别创新案例三等奖。这是本类别南海区唯一获等级项目、佛山市唯二获奖镇街，并在“服务增效”类别中以全省第五、佛山第一的复赛成绩成功晋级决赛。

大沥还曾在此前连续两届参与佛山市区直单位“铁军杯”工作创新大赛决赛，凭“毛地入市”“扛旗夺标”等创新工作项目获得优秀奖。

秘诀所在：专注特色，注重宣传与服务

大沥从历次“出圈”再到此次获奖，核心在于“百万”。

仅两年时间，“南海大沥”粉丝量从13万实现100万的突破，远超78.9万的常住人口，估值超3亿元，成为全国4万多个乡镇中第一个也是唯一一个粉丝突破百万的镇街。

这不只是简单的公众号现象，而是一个以大沥为代表的佛山、广东基层政务新媒体发展的“超级现象”。这背后是一条怎样的基层政务新媒体创新发展的探索之路？有着哪些服务增效赋能治理的实践思考？

近年来，大沥不断强化“政务+服务+美学”的运维理念，衍生出“内容为王”“服务至上”“价值创造”的工作“方法论”，不断为群众办事、企业发展、城市形象提升、基层治理赋能增效。

在内容方面，秉承“内容为王”宗旨，“群众喜欢什么，大沥就创造什么”，主动发布天气、招聘、教育、交通等信息，满足民生信息需求，年阅读量超2500万。聚焦中心工作，大沥拍摄全域土地综合整治纪实微电影《出发》，全网播放量超2000万。同时，注重内容的多元化输出和高颜值展现，如通过跨界直播、城市MV、创意短片、创意海报等，让用户的“打开方式”更多元、体验感更好。

尤其是在今年，大沥立足区域实情、围绕产业发展、打造城市品牌，策划推出“网红之城，中心大沥”2023灯湖中轴音乐季，先后走进网红地标、热门商圈、知名企业举办9场不同主题的活动，线上线下吸引超200万人次关注，直接或间接带动超9亿元消费，在佛山镇街掀起一股“文化+城市+产业”的新文化浪潮。

在服务方面，以“服务至上”为理念，“群众需要什么，大沥就链接什么”。在全省上线首个镇街一站式民生服务平台，涵盖民生功能超70种，年服务700万人次，人均服务9次；全省首个镇街线上派发防疫大礼包，带动企业派发423万片（袋）、8万毫升退烧药，价值超200万元，体现了社会温度。

在价值创造方面，“宣传”也是“生产力”。围绕促消费、促发展，“南海大沥”做了大量工作，如开发全省首个镇街生活平台“大沥点评”，服务超20万人次，专注本地特色，重塑市民生活方式；建立商圈企业“一对一”宣传服务沟通群，年服务企业超150家/次。

“凡是辖区企业、商家，有宣传文化推广、品牌形象提升、特色主题活动的需求，都可以找大沥宣传文化部门。”大沥镇副镇长高韵翔表示。

正如复旦大学教授张志安所说，“南海大沥”基层政务机构媒体运营的秘诀在于“贴近贴近再贴近、服务服务再服务”，充分深挖和释放出贴近服务的价值。

样本再造：让“南海大沥”模式走向全国

好的经验、好的模式，值得更多人、更多地方学习借鉴。

大沥的成果，也是佛山市、南海区基层政务新媒体发展的一个缩影。2023年4月25日，在“南海大沥”粉丝突破百万之际，2023湾区镇能量传播共创大会（以下简称“共创大会”）在大沥举办，20多位来自知名城市的中国城市新闻网媒联盟代表，以

“南海大沥”为例分享探讨政务新媒体传播态势，引起全国广泛关注，重庆、山东、广西、深圳、东莞等地媒体、宣传部门纷纷到大沥交流学习。

在共创大会上，佛山市委网信办就“南海大沥”的创新做法表示，“这也是佛山政务新媒体健康快速发展的一个缩影，是一个很好的示范。”南海区委宣传部评价：“平台贴近用户生活的方方面面，是运用新媒体服务用户的一次积极尝试，也是南海政务新媒体服务坚持创新的一个缩影。”

8月29日，中国城市网盟“CEO圆桌荟”开幕，“南海大沥”编辑部作为佛山唯一代表受邀参加，现场作《深挖服务价值　打造基层治理“佛山大沥模式”》分享；2023中国城市网盟总编辑高峰论坛举行，“南海大沥”分享全国首个百万粉丝“南海大沥”账号运维、生态共创的经验做法，“大沥模式”再次走向全国。

基于“南海大沥”优质的内容输出、高频到位的服务延伸、精细化的用户运营、政媒企多元合作等方面，其相关论文《南海大沥：政务新媒体与基层社会治理现代化的创新实践》《基层政务新媒体创新实践的“大沥模式”》将在核心期刊发表，成为可复制可推广的经验总结。

100万粉丝，就是100万人的号召力，就是100万人的满意票。南海大沥的“百万成长之路”“千万超级现象”正是基层政务新媒体创新发展的探索之路，服务增效赋能治理的实践样本。

3. 南方日报：《百万粉丝政务号赋能基层治理，"南海大沥"受学界关注》

如何建强用好政务新媒体，赋能基层治理体系和治理能力现代化？2024年4月3日，南方+记者从佛山市南海区大沥镇了解到，由该镇创造的全国唯一一个粉丝破百万的镇街政务公众号"南海大沥"实践经验，已经再度"破圈"，首次以学术成果的形式获得关注和推介。

在近日举行的"2024年中国社会发展高层论坛——中国式现代化与基层治理"学术研讨会上，广东金融学院财经与新媒体学院院长陈映以《政务新媒体何以赋能基层治理现代化？——基于百万镇街大号"南海大沥"的研究》为主题，介绍了相关研究成果。此次论坛由华南农业大学联合中国人民大学举办，是华南农业大学115周年校庆系列活动的一部分，相关成果未来也将在核心期刊发表。

2014年，《关于推动传统媒体和新兴媒体融合发展的指导意见》审议通过，"媒体融合"正式上升为国家战略。据陈映的研究资料，目前已有超70%的省份建立了从省级延伸到镇（街）级的官微矩阵，超过95%的政务信息均由基层公众号发布。但由于资金、人才不足，不少基层政务新媒体发展存在一定问题，没有很好地成为基层治理创新的"智治支撑"。

4. 南方日报：《向浙江推介佛山功夫、南海"龙超"！大沥又出圈了》

一个珠三角大镇的经验，为何被浙江关注？

2024年6月17—21日，浙江省新闻发言人培训班举办。在其19日晚的《有请发言人》沙龙中，来自佛山市南海区大沥镇的

"南海大沥"公众号新媒体运营交流成为主要环节之一，其经验的创新性、可复制性受到多方点赞。

作为"南海大沥"公众号负责人，大沥镇宣传文体旅游和教育办公室主任刘成受邀以《全国首个百万级镇街公众号是怎样炼成的》为题，结合佛山功夫、南海"龙超"等地方文旅创新元素，作了约半小时现场演讲。

中国有4万多个乡镇，"南海大沥"是其中唯一粉丝数超100万的镇街政务公众号。"可能大家最大的好奇，就是想知道一个镇的政务公众号为什么能有一百万粉丝？实话实说，如果回到几年前，对这个结果，我也是想不到的。"刘成在现场从佛山和大沥特殊的镇域发展模式讲起，复盘了"南海大沥"成为"百万大V"的历程。

"南海大沥"公众号，正是在佛山、南海这片非常肥沃、非常"卷"的土壤里成长、发展起来的。其所在的大沥，一直是一个人气很旺的地方，同时也是一个社会管理难度很高的地方。无论党委政府，还是市民大众、企业主，都需要一个全面、快捷、权威、方便的信息平台，"南海大沥"应运而生。尽管面临镇街平台发布次数的限制等困难，但是其不但粉丝数远超常住人口数、突破100万，而且标星用户就有40万，这说明有一半的大沥市民几乎每天都要阅读并将其标星置顶，也说明大沥已经建立和掌握了一个区域内有最大影响力、最精准覆盖的传播阵地。

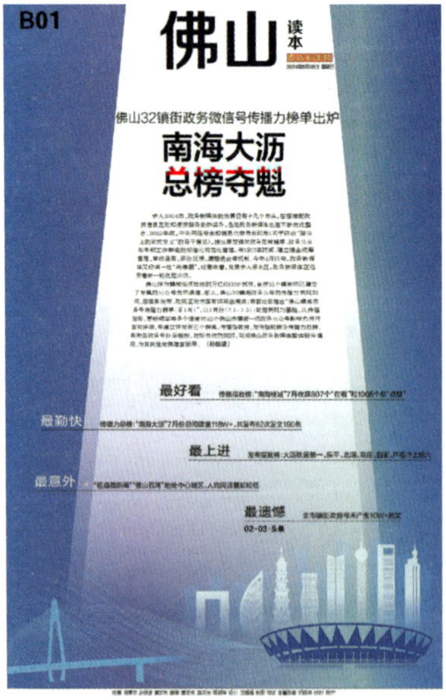

“南海大沥”还有一个理念：“没有围绕中心的宣传，都是自嗨。”这个“中心”有两个方面，第一是以用户为中心，第二是把党委政府的中心工作作为公众号的中心。“要赋能基层治理、推动中心工作，这也是我们平台不同于其他社会平台的区别。”刘成说。

“实现这个一百万，是用户思维与长期主义的胜利。回顾这几年的历程，如果我们要给‘南海大沥’打一个标签，我认为，它一定是佛山镇街里最努力、服务功能最强、服务意识最到位的一个平台。”刘成说。

5. 南方都市报：《佛山32镇街政务微信号传播力榜单出炉，谁堪当榜首？》

步入2024年，政务新媒体的发展已有十几个年头，在搭建起政民信息互动和便民服务的桥梁外，各地政务新媒体也在不断优化整合。

2023年底，中央网络安全和信息化委员会印发《关于防治“指尖上的形式主义”的若干意见》，提出要加强对政务应用程序、政务公众账号和工作群组的标准化规范化管理，用1到2年时间，建立健全统筹管理、审核备案、评价反馈、清理退出等机制。今年4月以来，政务新媒体又迎来一批“关停潮”，这意味着，发展步入深水区，政务新媒体正经历着新一轮优胜劣汰。

佛山作为镇域经济发达的万亿级GDP城市，全市32个镇街均已建立了专属的公众号发布渠道。那么，佛山32镇街政务公号的传播力表现如何，在信息发布、政民互动方面有何突出亮点？

南都近日推出“佛山镇街政务号传播力榜单（第1期）”，以7月份（7.1—7.31）数据表现为基础，从传播指数、更新频率等多个维度对32个佛山市镇街一级政务公众号影响力进行客观评测，共建立并发布三个榜单：传播指数榜、发布指数榜及传播力总榜。帮助各政务号补足短板，对标先进的同时，观测佛山政务新媒体整体服务情况，为其良性发展建言献策。

为客观分析佛山镇街一级政务微信号传播力情况，南都本期排行原始数据来源于清博舆情，样本选取佛山镇街一级政务微信号7月份数据，导出时间统一为8月12日15：00，依此建立并发布三个榜单：传播指数榜、发布指数榜及传播力总榜单。

其中，“传播力指数榜”来源一级指标“传播效果”得分，由“总阅读量”“人均阅读量(总阅读量/地区常住人口数量)”“总点赞”“总在看”“头条总阅读量”5个二级指标合数据理加权后以百分制打分并排名，主要观测政务号的传播广泛性

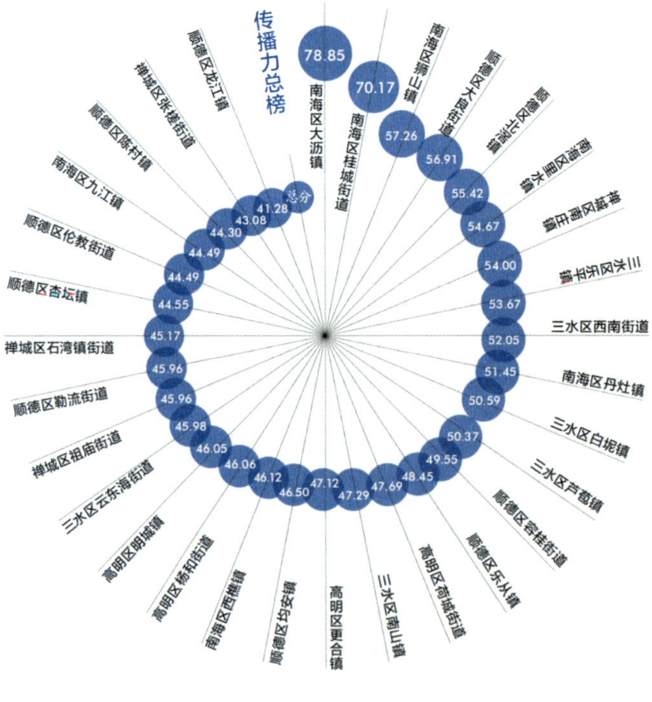

传播力总榜单

和读者互动性。

“发布指数榜”依据一级指标“发布频率”，重点考查政务公号的维护运营情况，通过“发布次数”和“发布条数”两个二级指标加权后打分排名，评测样本更新频率和活跃度。总榜单由“传播效果”与“发布频率”两个一级指标合理加权后形成，对公号综合表现进行排名。

由于“品质大塘”数据未被完整收录，暂不参与此次排名。其基本表现将在后文简要分析。

南海大沥勇夺冠军

前10名总阅读量占全市70%

总榜单中，排名前10的镇街依次为大沥镇、桂城街道、狮山镇、大良街道、北滘镇、里水镇、南庄镇、乐平镇、西南街道和丹灶镇。其中，“南海大沥”以78.85总分一举夺魁，“南海桂城”桂城以70.17分排名第二，排名第3的狮山镇为得分为57.26，与前两位拉开了断档式差距。

排名前10的10个镇街的政务微信号显示出较强的传播力和互动服务能力，并保持了高频度的信息发布。据统计，仅前10名贡献了佛山全市32个镇街政务公号7月份总阅读量的约70%。

公开信息显示，2023年“南海大沥”粉丝数就已破百万，是全国首个粉丝破百万的镇街公众号。总阅读量方面，大沥镇以7月份118W+的总阅读量成为佛山32镇街之首，排名其后的“南海桂城”7月份总阅读量116W+。值得一提的是，“南海大沥”与“南海桂城”是佛山32镇街中仅有的两个总阅读量破百万的镇街，总阅读量排名第三的狮山镇7月份收获了71W+总阅读量，距百万尚有一段距离。

除大沥和桂城外，狮山、大良、北滘、里水等也均有着不错的表现。值得注意的是，前10镇街有5个位于南海，而顺德区上榜两个镇街，三水区上榜两个镇街，作为中心城区的禅城则仅有南庄镇上榜。

南庄镇作为禅城经济实力相对较弱的镇街，以54.00的总分排总榜第7，就传播效果和发布频率而言，其分别列全市第7位和第4位，两方面均有不错表现，也奠定了它较强的综合实力。

榜单前10之外，“白坭发布”“印象芦苞”“绿韵南山”“更合发布”等几个镇街公众号的表现也可圈可点，这几个镇街在佛版图中处于较为边缘的位置，也非经济强势镇街，但通过政务新媒体搭建起了较好的传播、交流和服务窗口。三水区的“白坭发布”“印象芦苞”在总榜排第11和第12位，超越半数镇街。观察发现，这两个公众号登上月度阅读总量的10万量级，且保持日更。

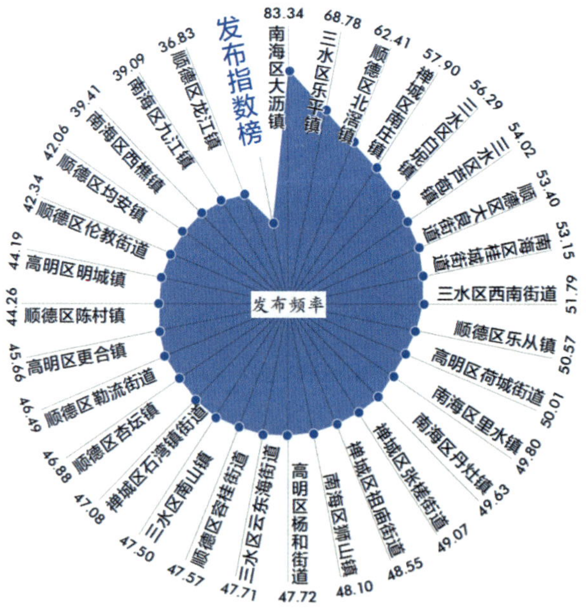

发布指数榜

传播指数榜

桂城摘得“传播力最强”

主要得益于较高点赞互动

总榜之外的“传播指数榜中”，排名有所变化。传播力榜单综合考虑了在看数、点赞数、“人均阅读量”、头条阅读量等多个维度，前10分别为桂城、大沥、狮山、大良、里水、北滘、南庄、丹灶、西南和容桂。

桂城在传播指数榜中以微弱优势实现反超大沥，分析发现，这主要得益于其互动表现较好。“清博”舆情统计数据显示，7月份，“南海桂城”收获807个“在看”和1908个总“点赞”，均位居第一。

此外，7月份传播指数榜中，“梦里水乡”较总榜排名有所上升，位居第5，“南海丹灶”位居第8，“容桂发布”实现赶超，以50.39分位居第10，将三水乐平挤下榜单。这主要得益于上述镇街在总阅读量上所建立的领先优势，在互动量上也有着不错表现。如“容桂发布”和“南海丹灶”均有阅读33W+的总阅读量，而“畅享乐平”则仅为17W+。

“人均阅读量”谁最强？

三个镇街“黑马”杀出

基于政务新媒体服务本地区的特征，传播指数榜单还充分考虑了地区人口数量的影响因素，在评测因素中以总阅读数/地区常主人口测算“人均阅读量”。当然，现实情况中，政务号的读者并不限于该地区，忠实读者的每月阅读次数也有多次，但该指标可在一定程度上反映政务新媒体对于区域人口的服务覆盖情况。

三水芦苞、南山及高明更合在数据表现上位居前三，均达到1.7以上，芦苞和南山更是达到1.9以上，即辖区人口平均下来每人阅读过近2次。

人口普查数据显示，南山镇常住人口为24380人，芦苞46169人，更合约5万人，均为常住人口较少的镇街。不过，并非所有“人均阅读量”表现好的镇街均靠人口较少的优势，常住人口均达七十万以上的桂城和大沥同样凭借优质内容带来的超强“破圈能力”实现了对辖区人口服务能力的较高覆盖，其“人均阅读量”分别达到1.58和1.49，实属不易。

发布指数榜

“南海大沥”最勤快　7月共发文190条

第三份榜单“发布指数榜”主要测评了发布频率，在一定程度上反映了公众号的活跃度和运维“勤奋度”。毫无疑问，大沥在全市镇街公号中的“勤奋度”当之无愧，这也为其粉丝留存和增长提供了较好的条件。数据显示，“南海大沥”7月份共发布了62次，共发表190条文章，双第一，堪称“劳模”。

此外榜单中还出现不少“黑马”，除大沥稳居第一外，乐平、北滘、南庄、白坭、芦苞几位“上进选手”一举冲上前6位。数据显示，这几个镇街在7月份都更新了145条以上的文章，“畅想乐平”在7月发布了168篇文章，“白坭发布”和“禅城南庄”在7月发布的稿件数量十分接近，分别为159篇和154篇，“白坭发布”紧随其后，发布了147篇文章，这些镇街日均5—6条推文，在发文频率方面值得肯定。

从结果上看，“勤能补拙”的效果显现。上述多个地理相对偏远的镇街微信公号凭借“勤奋度”拉高了其在总榜中的排名，“畅享乐平”最为典型，依靠传播指数其仅排名第18，但由于其发布频次可排第2，总分加权后乐平冲上到总榜第8的位置。

总览和分析

意外！禅城中心城区三个镇街号表现均不佳

除三水区大塘镇完整数据未被完整收录于清博舆情外，其余佛山31个镇街均纳入了完整评测体系，三水“品质大塘”公众号完整数据虽然未被“清博舆情”收录，但就其部分数据表现来看，综合传播力在32镇街中也处于末位水平，7月份基本保持日更，平均每天发布5—6条文章，但大多数头条文章阅读量仅3位数，有半数文章阅读量处于双位数甚至个位数，内容传播力孱弱。

从总榜单上来看，杏坛镇、伦教街道、九江镇、陈村镇、张槎街道、龙江镇排名在后几位。值得注意的是，从经济维度上看，上述镇街几乎均为“腰部”镇街。

分析来看，龙江镇政务号全月总阅读量12W+，属于中游水平，头条文章阅读总数在32个区镇里排名第22，但在人均阅读量上排名倒数第五，点赞总数以475排倒数第九，“龙江发布”在看总数排名倒数第五，仅为79。最为主要是“龙江发布”全月仅

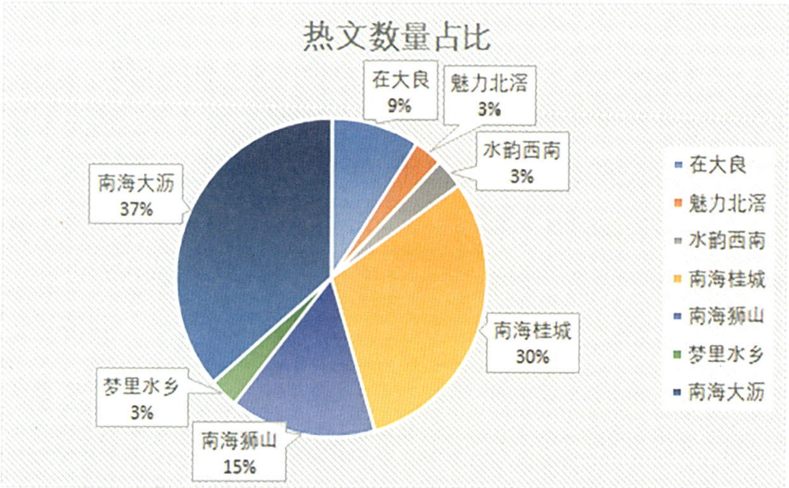

发布25次共85篇推文，排名垫底，严重拉低了其在总榜的位置。

张槎街道虽然在发布频次上位居14，尚算勤奋，但是传播数指垫底导致其总分排名靠后。“清博舆情”数据显示，张槎街道政务微信号7月份仅有6.5W+的总阅读，平均每天不到3000，数据仅仅高于南山、大塘等镇街，与“南海九江”不相上下。

由传播指数单独来看，“祖庙微新闻”“佛山石湾”“绿色陈村”“水兴杏坛”“张槎微新闻”的排名靠后，位于禅城中心城区的三个镇街微信号在7月份数据表现均不佳。

位于城市中心的石湾镇街道和祖庙街道7月份政务微信号的阅读总量均为14W+量级，互动、点赞及发布频率等方面都处于中游水平，但考虑到其辖区内常驻人口均在40万左右，在“人均阅读量”上“祖庙微新闻”仅为0.33，“佛山石湾”仅为0.36，是全榜单的较低水平。

这两个镇街得益于较为稠密的人口，却未体现出随之高涨的总阅读量，且在传播数据和发布频次上中规中矩，造成其在总榜单上的表现下滑。也可见政务公号服务还未充分覆盖辖区人口，在内容运用方面仍需多下功夫，挖掘人口红利。

全市镇街号发文数持续攀升，7月份传播力有所下降

记者观察发现，大部分公众号采用“区+镇街名”的命名方式，以南海区和禅城区最为常见（近期“醉美南庄”更名为“禅城南庄”）；顺德区大部分镇街与三水大部分镇街在命名上凸显本地区特色，采用“印象词+镇街”的命名方式；祖庙和张槎则为全市仅有的两个冠以“地名+微新闻”的命名方式。其中较为特别的是，南海区里水镇着重打造“梦里水乡”IP，政务号与此同名，虽然理解上有一定门槛，但更容易因鲜明特征而被记住。

从菜单栏功能来看，全市几乎所有镇街级微信号都在“服务”栏中合理接入了相关功能，既有招聘信息、医保参保、办事预约等便民实用功能，也建立了地区宣传推广信息，部分镇街还开通“留言信箱”等互动渠道，值得肯定。

从“清博舆情”的原始数据榜单上看，2024年7月份佛山市政务公众号共发布了3959篇文章，未产生10W+阅读的文章，发布文章总数量相比上一个月持续增加，但是阅读总数量、平均阅读量和在看总数相比上一个月有所下降，可见7月份佛山镇街级政务新媒体的运营服务相比上月稍显乏力。

根据清博舆情发布的总排名变化数据，佛山32个镇街公众号中只有12个公众号相比于上个月的排名有所进步，其中进步最大的两个公众号为“更合发布”和“绿韵南山”，分别进步13803和11526名，而“白坭发布”和“印象芦苞”分别退步了10545和11953名。

阅读量热文集中在“头部号” 有18镇街全部文章阅读未破万

7月份，佛山镇街一级政务号文章阅读总数破百万的有两个，分别是“南海大沥”与“南海桂城”，但就单篇文章上来讲，并未产生10W+以上文章。

记者统计发现，32个公众号中仅有14个公众号有阅读量突破1万的热门文章，更是只有7个镇街能够达到阅读量破3万。截至8月12日，7月份近70%的破3万阅读量热文都集中“南海大沥”和“南海桂城”两个公号，呈现出较强的头部集中特征，其中南海桂城、大沥、狮山日均有1—2条破万阅读量推文，南庄、石湾、祖庙、乐平、龙江、均安、陈村则全月各有1篇，其他有18个镇街的全月全部文章阅读未能破万，呈现较大差距。

热文榜单中，“南海桂城”的《紧急提醒！桂城已有病例，流行风险高》占据榜首，阅读总数高达9.1万；“南海桂城”发布的《不要去！不要去！已致多人遇难！》总阅读量达到6.6万。除通知、公告类文章受关注外，交通、景点、安全健康等话题热度较高，其中天气类文章最受关注，这也反映出镇街公号热文多以安全提醒、天气服务、招聘录取等关注度高的政务服务为主，原创性依然较低。

6. 南方都市报：《“南海大沥”连续四个月领跑“三水白坭”在看数增14倍逆袭》

日前，南方都市报连续发布三期佛山32镇街政务微信号传播力榜单，引起广泛关注。为持续客观分析佛山镇街一级政务微信号传播力变化情况和最新情况，南都以长期指标动态监测政府佛山镇街级新媒体服务质量，并继续推出佛山32镇街政务微信号10月（10月1日—10月30日）传播力排名，依此建立并发布三个榜

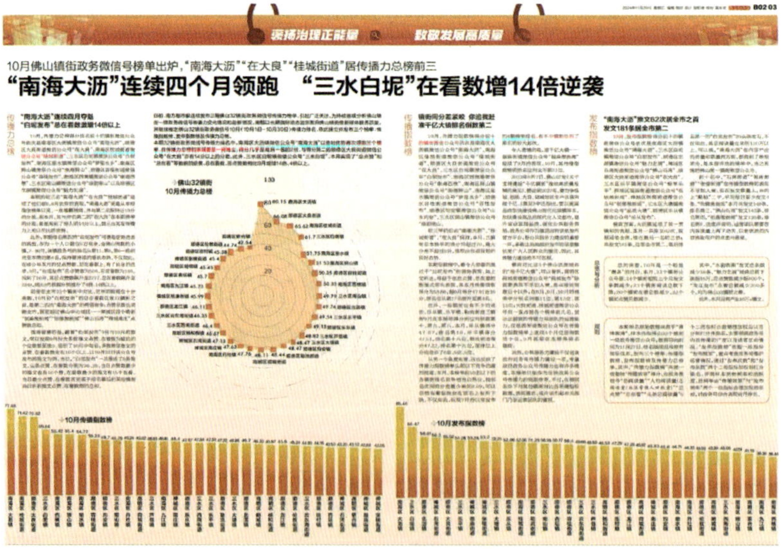
10月佛山镇街政务微信号榜单出炉，“南海大沥”“在大良”“桂城街道”居传播力总榜前三
“南海大沥”连续四个月领跑　“三水白坭”在看数增14倍逆袭

单：传播指数榜、发布指数榜及传播力总榜。

本期32镇街政务微信号传播力排名中，南海区大沥镇微信公众号“南海大沥”以绝对优势再次领跑三个榜单，在传播力总榜的表现更是一骑绝尘，得分几乎是最后一名的2倍，与得分第二的顺德区大良街道微信公众号“在大良”亦有14分以上的分差。此外，三水区白坭镇微信公众号“三水白坭”，本月实现了“总点赞”和“总在看”等数据的逆袭，总在看数、总点赞数相比9月增加14倍、4倍以上。

传播力总榜：“南海大沥”连续四月夺魁，“白坭发布”总在看数激增14倍以上

10月，传播力总榜得分排名前十的镇街微信公众号依次是南海区大沥镇微信公众号“南海大沥”、顺德区大良街道微信公众号“在大良”、南海区桂城街道微信公众号“桂城街道”、三水区白坭镇微信公众号“白坭发布”、南海区里水镇微信公众号“梦里水乡”、南海区狮山镇微信公众号“南海狮山”、顺德区容桂街道微信公众号“容桂发布”、南海区西樵镇微信公众号“南海西樵”、三水区南山镇微信公众号“绿韵南山”以及顺德区北滘镇微信公众号“魅力北滘”。

本期的前三名“南海大沥”“在大良”“桂城街道”延续了他们在8、9月优异的表现。“南海大沥”更是从本报推出榜单以来，一直雄霸榜首，并与第二名保持近10分的分差。而本月，其与排名第二的“在大良”在本期榜单的分差，更是来到了惊人的14分以上，显示出其在传播力上无以伦比的优势。

此外，本期排名第四的“白坭发布”可谓是逆势进击的典型。作为一个人口数仅6万有余，全佛山倒数的小镇，7—10月，该镇政务号的排名从第11、第8、第6一路前进至本期的第4名，保持着持续的增长态势。不仅如此，在该公号本月的总点赞数、总在看数上，有了长足的进步。9月，“白坭发布”总点赞数为506，总在看数为149。而到了10月，其总点赞数飙升至2717，总在看数飙升至2249，相比9月数据分别提升了4倍、14倍以上。

即便在全市32个镇街中对比，这样的数据也十分亮眼。10月份“白坭发布”的总在看数位居32镇街之首，是第二名的“南海大沥”的两倍有余；点赞总数也领跑全市，甚至超过佛山中心城区——禅城区四个镇街“祖庙微新闻”“张槎微新闻”“佛山石湾”“禅城南庄”点赞数总和。

值得留意的是，翻看“白坭发布”9月与10月的推文，可以发现9月份大多数推文点赞、在看数为尴尬的个位数甚至挂0。但到了10月中旬后，多数微信推文的点赞、在看数稳定在10个以上。以10月22日该公众号发布的推文为例，当日，“白坭发布”一共推送了8条推文，头条点赞、在看数分别为36、25，当日点赞数最少的推文也有16个赞，在看数最少的推文有15个在看。当日最少点赞、在看数甚至高于排名靠后的某些镇街当日所有推文点赞、在看数据的总和。

传播指数榜：镇街间分差紧咬　你追我赶　准千亿大镇排名倒数第二

10月，传播力指数榜得分前十的镇街微信公众号依次是南海区大沥镇微信公众号“南海大沥”、南海区桂城街道微信公众号“桂城街道”、顺德区大良街道微信公众号“在大良”、三水区白坭镇微信公众号“白坭发布”、南海区西樵镇微信公众号“南海西樵”、南海区狮山镇微信公众号“南海狮山”、南海区里水镇微信公众号“梦里水乡”、顺德区容桂街道微信公众号“容桂发布"、顺德区均安镇微信公众号"山水均安"、三水区南山镇微信公众号"绿韵南山。

前三甲仍旧由"南海大沥""桂城街道""在大良"保持，本月，三镇街在本榜单的得分均超过70，最大分差不超过8分，呈现出你追我赶的良好态势。

本期指数榜中，最令人惊喜的莫过于"白坭发布"的强势表现。如上文所述，得益于在总点赞、总在看的断崖式领先表现，其本月传播指数得分为59.66，超9月得分47.91近10分，排名也从第17名提升至第4名。

此外，一些镇街也有不少的进步。乐从镇、乐平镇、勒流街道三镇街9月在本榜单得分别位列倒数第十、第九、第八，本月，乐从镇得分47.87，排名第16，乐平镇得分47.51，排名第十八位，勒流街道得分47.22，排名第十九位，在排位上分别进步了6位、5位、5位。

从另一个角度来看，这也反映了传播力指数榜单头部以下竞争的激烈程度。本月，本榜单前10名以下的各镇街排名竞争相当白热化，相邻名次间的分差最少来到0.09，可以说稍有懈怠就会在排名上有所下跌。不仅如此，纵观7月份以来发布的4期榜单排名，有不少镇街经历了排名的较大起伏。

令人遗憾的是，准千亿大镇——祖庙街道微信公众号"祖庙微新闻"延续了9月的表现。10月，其传播指数榜的排名位列全市第31位。

2023年9月7日，佛山印发《关于支持建设"千亿镇街"推动高质量发展的意见》，提出到2027年，要力争桂城、祖庙、大良、荷城地区生产总值突破千亿。《意见》中还指出，要以更高品质加快建设佛山现代化城镇样本，加快建设高品质现代化人文都市，提升宜业宜居品质，强化公共服务供给。政务公号作为基层政府信息发布官方平台，是公共服务力建设的重要一环，承载让当地政府发布的信息触达更广大人民群众的重任，因此，其传播力建设绝不可忽视。

横向对比这4个佛山资源倾斜的“准千亿大镇”，可以看到，高明区荷城街道微信公众号“荷城发布”除首期表现不尽如人意，差点掉进倒数后十以外，在8月、9月、10月的榜单中分别名列第11位、第13位、第12位；大良街道、桂城街道微信公众号则一直占据各个榜单前几名，显示出超强的传播力与团队的运营能力。仅祖庙街道微信公众号在传播力指数榜单上连续4个月位居倒数后十位，9月甚至在本榜单排名垫底。

当然，公共服务力建设不仅包含政府政务号传播力建设一项，考量政府政务公众号传播力也有许多维度，本榜单只能作为反映政务公众号传播力的侧面参考。不过，在相同条件下与其他镇街对比各项硬指标数据，表现落后，或许该引起有关部门乃至运营团队的重视。

发布指数榜：“南海大沥”推文62次居全市之首　发文181条居全市第二

10月，发布指数榜得分前十的镇街微信公众号依次是南海区大沥镇微信公众号“南海大沥”、三水区白坭镇微信公众号“白坭发布”、顺德区北滘镇微信公众号“魅力北滘”、禅城区石湾街道微信公众号“佛山石湾”、顺德区大良街道微信公众号“在大良”、三水区乐平镇微信公众号“畅享乐平”、禅城区祖庙街道微信公众号“祖庙微新闻”、禅城区张槎街道微信公众号“张槎微新闻”、三水区大塘镇微信公众号“品质大塘”、顺德区乐从镇微信公众号“乐从发布”。

榜首方面，大沥镇延续了其一贯精彩的表现。本月一共推文

62次，数据冠绝全市，接近最后一名的三倍；共发文181条，位居全市第二，落后排名第一的"白坭发布"20头条左右。不仅如此，其总阅读量也来到120万以上，可以说，"南海大沥"在内容产出的质量和数量两方面，都做到了断档领先，是本报评选的榜单中，当之无愧的佛山第一镇街微信公众号。

前十名中，"石湾街道""祖庙街道""张槎街道"在传播指数榜的表现不尽如人意，但在发文数量上，当的上"勤勉"二字，平均每日至少发文4条。"张槎微新闻"本月共发文149条，排名第三，"佛山石湾"发文142条，排名第四，"祖庙微新闻"发文130条，排名第8。这或许说明，运营团队需要在内容质量上再下功夫，以更优质的内容换取用户的点击与喜爱。

总览与分析

总的来看，10月是一个略显"萧条"的月份。本月，32个镇街公众号里，24个镇街相较上个月发文条数减少；23个镇街阅读总数下降；20个镇街在看总数减少，22个镇街点赞总数减少。

其中，"水韵西南"发文总条数减少36条，"魅力北滘"阅读总数下跌超15万，总点赞数减少超800个，"龙江发布"在看总数减少300多个，均为佛山32镇街之最。

此外，本月没有产生10万+爆文。

规则

本期排名原始数据来源于"清博舆情"，样本选取佛山32个镇街一级政务微信公众号，数据导出时间为11月27日。排名继续沿用原有指标体系，发布三个榜单：传播指数榜、发布指数榜及传播力总榜单。其中，"传播力指数榜"来源一级指标"传播效果"得分，由政务微信号"总阅读量""人均阅读量(总阅读量/

地区常住人口数量)”“总点赞”“总在看”“头条总阅读量”5个二级指标合数据理加权后以百分制打分并排名，主要观测政务号内容传播的广度以及读者互动情况。“发布指数榜”依据一级指标“发布频率”，重点考查政务号维护运营情况，通过“发布次数”和“发布条数”两个二级指标加权后打分排名，评测样本更新频率和活跃度。总榜单由“传播效果”与“发布频率”两个一级指标合理加权后形成，对政务号综合表现进行排名。

7. 南方都市报：《做全国“第一”“唯一”!佛山“南海大沥”的传播密码》

一个政务新媒体号推动了基层治理，还吸引多地宣传部门和媒体前来交流学习，甚至被复旦大学和广东金融学院等院校作为典型案例纳入学术经验分享，成为政务新媒体运营的“创新标杆”。

作为全国首个且唯一拥有百万粉丝的镇街号，大沥镇的政务新媒体运营成果令人瞩目。今年，有媒体自9月起，从传播指数、更新频率等多个维度对32个佛山市镇街一级政务公众号影响力进行客观评测。从发布的前三期榜单数据来看，大沥镇的各项数据均霸榜前列，连续3次卫冕冠军，领跑全市，堪称“劳模”典范!

究竟是什么原因让大沥镇政务新媒体取得如此优异的成绩？它又是如何在全市中脱颖而出，成为“标杆”、“典范”，助力城市高质量发展？

懂人：以人为本，贴近民生

大沥镇位于粤港澳大湾区广佛极点，常住人口近80万，但“南海大沥”公众号的关注人数却远超这个数字，这意味着大沥

做全国“第一”“唯一”！佛山“南海大沥”的传播密码

一个政务新媒体号推动了基层治理，还吸引多地宣传部门和媒体前来交流学习，甚至被复旦大学和广东金融学院等院校作为典型案例纳入学术经验分享，成为政务新媒体运营的“创新标杆”。

作为全国首个且唯一拥有百万粉丝的镇街号，大沥镇的政务新媒体运营成果令人瞩目。今年，有媒体自9月起，从传播指数、更新频率等多个维度对32个佛山市镇街一级政务公众号影响力进行客观评测。从发布的前三期榜单数据来看，大沥镇的各项数据均霸榜前列，连续3次卫冕冠军，领跑全市，堪称“劳模”典范！

究竟是什么原因让大沥镇政务新媒体取得如此优异的成绩？它又是如何在全市中脱颖而出，成为“标杆”、“典范”，助力城市高质量发展？

文：李焕怡
制版：陈欣 邹虹香 黄永文 黄炽林

懂人：以人为本，贴近民生

大沥镇位于粤港澳大湾区广佛极点，常住人口近80万，但“南海大沥”公众号的关注人数却远超这个数字，这意味着大沥镇委镇政府的声音已覆盖镇内市民，甚至超过一半的人口将其置顶为“常读的订阅号”。

“要学会从百姓的角度出发，群众需要什么，我们就连接什么，程序上做减法、服务上做加法，让百姓真正享受到便利。”佛山市南海区大沥镇宣传文体旅游和教育办公室主任刘成表示，“大沥政务公号的初衷，归根结底就是‘以人民为中心’”。

以往，市民想获取大沥的信息需要关注很多不同的账号，如今，只需要关注“南海大沥”这一个公众号即可获取所有关于大沥的信息。作为佛山市首个“一站式”镇街民生服务平台，“南海大沥”微信公众号拥有70多项民生功能，上线一年就超过700万人次使用。通过定期发布天气、招聘、教育、交通、租赁、文旅、消费等民生信息，真正做到了懂民心、解民忧。

“‘南海大沥’运营的内在基因就是牢牢扎根于大沥的发展，把贴近性的服务做到极致、没有边界。”复旦大学张志安教授说。

然而，一个“吃喝玩乐行”都精通的账号并不容易。它不仅是老百姓的搬运工，还是市民的贴心小棉袄。群众喜欢什么，就创造什么，全年365天从不断档，只为在市民生活的方寸间提供更多便捷服务。通过精心设计“集聚能量 推动发展”、“提升服务效率 强化宣传效果”、“大沥之声”等特色栏目，创建与商圈企业直接沟通的“一对一”宣传服务群，旨在进一步加强与企业、市民的互动交流。打造一个积极推广大沥商圈、工厂企业和大沥好产品的良好氛围，从而实现让民众受益、企业获利、城市发展向好的“共赢局面”。

“南海大沥”新媒体团队参与第十一届广东省市直机关“先锋杯”工作创新大赛，并荣获该赛事“服务增效”类三等奖。

会玩：有勇有谋，推陈出新

仅用两年时间，“南海大沥”粉丝量就实现13万到100万的突破，年增长50万，成为全国4万多个乡镇街道的“第一”“唯一”。大沥深知光靠勤劳是不行的，但作为“劳模”的它也懂得笨鸟先飞的道理，并用行动证实自己不仅是“劳模”，还是一个会玩、懂玩的先行者。

用“有勇有谋”四个词形容大沥不足为过。

大沥的勇，源于其勇于探索，积极争做“第一个吃螃蟹的人”。除了创立佛山市首个“一站式”镇街民生服务平台以外，大沥还创造出了佛山首个AI主播；全省首个线上派发防疫健康大礼包，解决群众燃眉之急，传递城市温情；全省首部全域土地综合整治纪实微电影等。

大沥的谋，源于其始终坚持“内容为王”，不断推陈出新。聚焦本地文化、产业、民生等领域，打造了“城美大沥·乐享生活”专栏，用图片、图表等形式直观展示大沥的发展成果和政策信息；推出了“村长来了”短视频栏目，让村长本色出演，讲述乡村振兴故事；还以青年爱情故事为载体，制作了“遇见你，刚刚好”爱情微电影，宣传大沥的产业和城市形象。紧跟社会热点，并借助电视剧《狂飙》的热度，推出了“文明狂飙系列”短视频，传播文明风尚。此外，还积极探索新的内容形式，推出了“网红打卡”系列视频、“专属主播”和“城市慢直播”等内容，用短视频、直播等形式展现大沥的特色美食、景点和城市风景，提升内容的吸引力和感染力。

“基层哪有那么多高大上的创新，无非就是平时多想一点、大胆一点、再快一点、做事再用心一点。”佛山市南海区大沥镇宣传文体旅游和教育办公室主任刘成在分享时说。

这，就是大沥镇政务微信公号接连夺魁的发展“密码”，通过多轮驱动，为高质量发展注入了强大动力。而它的“百万成长之路”是基层政务新媒体的创新发展探索之路，也是服务至上，赋能治理的实践样本。11月30日，2024第十七届中国新媒体传播学年会将在北京召开，“南海大沥”公众号将作为基层政务新媒体的生动实践案例再次走向全国。

大沥镇副镇长高韵翔表示，展望未来，期望能持续运营好、用好“南海大沥”这个平台，坚持围绕中心、服务至上，讲好产城人文的故事，助力人文经济发展，让“南海大沥”成为基层政务新媒体的标杆，为全国镇街级政务新媒体发展提供可复制、可推广的经验，为推动城市高质量发展贡献大沥力量。

镇委镇政府的声音已覆盖镇内市民，甚至超过一半的人口将其置顶为“常读的订阅号”。

“要学会从百姓的角度出发，群众需要什么，我们就连接什么，程序上做减法、服务上做加法，让百姓真正享受到便利。”佛山市南海区大沥镇宣传文体旅游和教育办公室主任刘成表示，“大沥政务公号的初衷，归根结底就是‘以人民为中心’”。

以往，市民想获取大沥的信息需要关注很多不同的账号，如今，只需要关注“南海大沥”这一个公众号即可获取所有关于大沥的信息。作为佛山市首个“一站式”镇街民生服务平台，“南海大沥”微信公众号拥有70多项民生功能，上线一年就超过700万人次使用。通过定期发布天气、招聘、教育、交通、租赁、文旅、消费等民生信息，真正做到了懂民心、解民忧。

“‘南海大沥’运营的内在基因就是牢牢扎根于大沥的发展，把贴近性的服务做到极致、没有边界。”复旦大学张志安教授说。

然而，一个“吃喝玩乐行”都精通的账号并不容易。它不仅是老百姓的搬运工，还是市民的贴心小棉袄。群众喜欢什么，就创造什么，全年365天从不断档，只为在市民生活的方寸间提供更多便捷服务。通过精心设计“集聚能量　推动发展”、“提升服务效率　强化宣传效果”、“大沥之声”等特色栏目，创建与商圈企业直接沟通的“一对一”宣传服务群，旨在进一步加强与企业、市民的互动交流。打造一个积极推广大沥商圈、工厂企业和大沥好产品的良好氛围，从而实现让民众受益、企业获利、城市发展向好的“共赢局面”。

会玩：有勇有谋，推陈出新

仅用两年时间，“南海大沥”粉丝量就实现13万到100万的突破，年增长50万，成为全国4万多个乡镇街道的“第一”“唯一”。大沥深知光靠勤劳是不行的，但作为“劳模”的它也懂得笨鸟先飞的道理，并用行动证实自己不仅是“劳模”，还是一个会玩、懂玩的先行者。

用“有勇有谋”四个词形容大沥不足为过。

大沥的勇，源于其勇于探索，积极争做“第一个吃螃蟹的人”。除了创立佛山市首个“一站式”镇街民生服务平台以外，大沥还创造出了佛山首个AI主播；全省首个线上派发防疫健康大礼包，解决群众燃眉之急，传递城市温情；全省首部全域土地综合整治纪实微电影等。

大沥的谋，源于其始终坚持“内容为王”，不断推陈出新。聚焦本地文化、产业、民生等领域，打造了“城美大沥·乐享生活”专栏，用图片、图表等形式直观展示大沥的发展成果和政策信息；推出了“村长来了”短视频栏目，让村长本色出演，讲述乡村振兴故事；还以青年爱情故事为载体，制作了“遇见你，刚刚好”爱情微电影，宣传大沥的产业和城市形象。紧跟社会热点，并借助电视剧《狂飙》的热度，推出了“文明狂飙系列”短视频，传播文明风尚。此外，还积极探索新的内容形式，推出了“网红打卡”系列视频、“专属主播”和“城市慢直播”等内容，用短视频、直播等形式展现大沥的特色美食、景点和城市风景，提升内容的吸引力和感染力。

“基层哪有那么多高大上的创新，无非就是平时多想一点、大胆一点、再快一点、做事再用心一点。”佛山市南海区大沥镇宣传文体旅游和教育办公室主任刘成在分享时说。

这，就是大沥镇政务微信公号接连夺魁的发展“密码”，通过多轮驱动，为高质量发展注入了强大动力。而它的“百万成长之路”是基层政务新媒体的创新发展探索之路，也是服务至上，赋能治理的实践样本。11月30日，2024第十七届中国新媒体传播学年会将在北京召开，“南海大沥”公众号将作为基层政务新媒体的生动实践案例再次走向全国。

8. “中国记者”公众号：《揭秘｜一个镇办的政务公众号粉丝突破100万》①

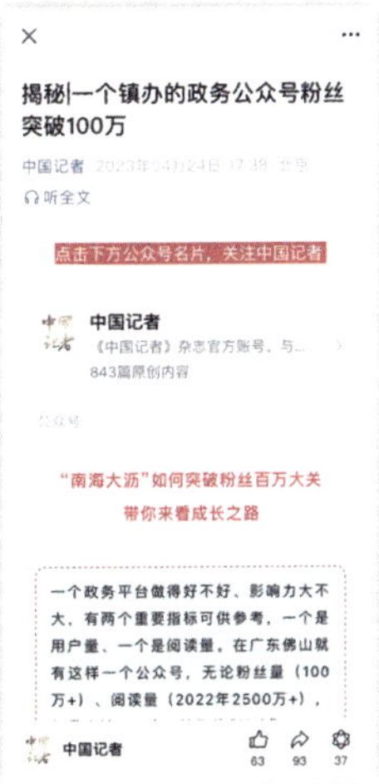

一个政务平台做得好不好、影响力大不大，主要看两个“金指标”，一个是用户量、一个是阅读量。在广东佛山就有这样一个公众号，无论粉丝量（100万+）、阅读量（2022年2500万+），都是当地乃至全国镇街的“顶流”！

2023年元宵当日，一张“南海大沥微信公众号粉丝数突破100万”的海报在广东佛山南海政务宣传圈里疯传，引发镇街宣

① 此文最先发表在“一本政经”公众号，部分数据有订正。

传线、广佛媒体线甚至是电商行业的热烈讨论。这是全国首个粉丝数破百万的镇街政务公众号，更有一位电商头部主播惊叹地说："按照直播电商私域粉丝来计算，大沥公众号估值至少3亿元！"

大沥镇地处粤港澳大湾区的广佛极点，常住人口数是78.9万人，而关注人数远远超过常住人口数，这意味着大沥镇委镇政府的宣传声音已完全触及镇内市民，并承接了广州外溢的人口红利，成为广佛全域同城舆论引领的"主阵地"。

作为镇（街）级政务服务平台，"南海大沥"微信公众号（以下简称"南海大沥"）是如何做到年阅读量超2500万、年增长50万粉丝成为镇街大号，甚至决心要做"全国性新媒体标杆矩阵平台"的呢？这一"百万、千万现象"的背后，值得我们关注。

"作为基层政务新媒体，'南海大沥'只有做到极度深耕、极致服务，才能实现极限覆盖和下沉。"长期研究政务传播的复旦大学新闻学教授、全球传播全媒体研究院副院长张志安说，"100万粉丝说明，本地网民几乎全覆盖，外地网友通过破圈传播获得关注。"

案例分析：百万大号"南海大沥"的成长之路

作为大沥镇政务信息发布的官方平台，"南海大沥"在两年内实现粉丝量从13万到100万的突破，其中70万到100万的粉丝激增只用了三个月时间，关注人数远超大沥镇常住人口数（78.9万），日均增长逾1000人，曾创下单日增长2.35万粉丝的最高纪录。

作为广佛全域同城化的桥头堡，关注"南海大沥"的用户中，当地群众和广佛通勤人员是主力军，占比为88.6%，18—45

岁用户群体达75.84%。

如今，“南海大沥”的标星“钻石粉”已达到40万人，即大沥超过一半的人口将其置顶为“常读的订阅号”。作为大沥镇的一站式民生服务与政务发布平台，“南海大沥”全年无休，每天都为读者送上政务、民生、产业、文化等权威信息。

2022年发布各类宣传报道信息超2000条，年阅读量超2500万，其中“10万+”爆款就有35条，领跑佛山各镇街。在疫情防控期间更是不分昼夜、一日多轮次发布关于核酸检测、疫苗接种的信息，最高日推送量达132万人次。

在2022年佛山政务微信影响力排行榜中，“南海大沥”阅读量、影响力指数多次“霸榜”，在2022年52期佛山政务微信影响力排行榜中，“南海大沥”有39期稳居全市镇街排行榜的前三名，其中16期排名第一。根据2023年最新发布榜单，“南海大沥”2月、3月阅读量、影响力蝉联佛山32个镇街榜首，在全市政务微信总榜稳居前五。

张志安认为，基层政务机构媒体运营的秘诀在于“贴近、贴近再贴近，服务、服务再服务”。“能够出这么多爆款，粉丝增长这么快，应该是充分深挖和释放出贴近服务的价值。”

解密百万现象：丰富有趣　内容为王

作为大沥镇官方宣传渠道，“南海大沥”紧紧围绕大沥城市更新、商贸转型、直播电商、夜经济、乡村振兴等重点工作、中心工作，不仅注重信息权威发布，更是充分发挥“策划+融媒”作用，联动南海大沥视频号、抖音号、快手号、B站等，以市民喜闻乐见的形式进行“软”宣传：比如，推出全省首部全域土整纪实微电影《出发》，以讲故事、拍电影方式，生动展现大沥干部是如何攻坚克难、如何争取群众。电影一经播出，实现了上映

20天就达到1000万观看。

七夕推出《遇见你，刚刚好》爱情微电影，以青年爱情故事融合宣传大沥电商、预制菜、内衣等产业。开设佛山镇街首个“城市慢直播”实时展现中心大沥的夜色魅力与城市繁华，吸引日均近万人观看欣赏。打造“城美大沥·乐享生活”专栏，定期打卡推送镇内吃喝玩乐购的精品资讯，让大家在大沥能够好吃、好玩、好看、好住、好赚、好开心。

此外，“南海大沥”更是善于抓住关键节点创新宣传。在疫情防控进入新阶段的关键时刻，在全省率先线上免费派发“连花清瘟+抗原试剂的健康大礼包”，不仅解决群众的燃眉之急，还带动了当地企业、药店纷纷捐赠派发药物，很好地宣传了大沥城市温情与企业家的社会担当，同时又成为一条阅读量10万+并增粉3万的爆款内容。

每逢春节都送上“过年大礼包”，让群众感受到大沥满满的人情味。大年初七，“南海大沥”首次策划线上派出“开工利是”活动，巧借醒狮盛会等传统民俗活动，最终在元宵节实现粉丝数字突破百万大关的奇迹。

“抓住热点时刻，做出极致爆款，增强传受互动，是基层政务新媒体不断出新的方法论。”张志安说，“面对公众日益稀缺和碎片化的注意力，要想获得持续关注，创意传播是关键。”

解密百万现象：虚功实做　合作共赢

“南海大沥”不断策划“优企看大沥”“聚沥量　促发展”等栏目，建立商圈企业“一对一”宣传服务沟通群，通过与企业、市民深度互动，广泛宣传大沥商圈、厂企和大沥好产品，实现群众受益、企业受惠、平台增粉、城市更活力的“多向奔赴”。

为了宣传大沥预制菜，"南海大沥"在去年七夕推出的首部产业宣传微电影《遇见你，刚刚好》引起广泛关注。广东海昌沅负责人向大沥镇宣传部门表示，2022年其公司产品订单额仅几千万元，2023年前两个月就已经实现订单额约2亿元。这离不开大沥镇宣传部门和"南海大沥"的系列宣传推广，并当即提出愿意赞助价值100万元的汤品与"南海大沥"互动、回馈粉丝，一起继续做大做强。

像这样通过"南海大沥"宣传而受惠的企业，远不止海昌沅一家，如广佛智城商圈、TIC创客艺术中心、迎海茶都、金沙洲直播基地、美思内衣、V-cafe等多家企业，商家都是"南海大沥""一对一"宣传服务企业的成功案例。

2022年起，"南海大沥"开辟的"城美大沥　乐享生活"专栏，2023年4月25日也将正式上线全省首个镇街生活版"大沥点评"平台，致力于挖掘镇内有特色的网红店、名小吃、招牌菜等，为市民朋友的吃喝玩乐购提供全面攻略。2022年累计宣传商家、企业超150家次，传播量达数百万。

在张志安看来，"南海大沥"的成功运营说明，政务新媒体要真正嵌入公众的日常生活，通过服务群众来践行为人民服务的初心，这样才能更加贴近群众。"南海大沥"通过"虚"功"实"做，实现合作共赢，在"宣传生产力"方面也起到了很好的示范作用。

解密百万现象：需求导向　服务至上

除了信息发布，实用服务也是"南海大沥"的持续追求。群众需要什么，"南海大沥"就上线什么功能，实现"数据多跑路，群众少跑腿"。如何借力政务新媒体做好基层服务工作，"南海大沥"也有自己的思考。

为了更好地服务广大市民，与各单位的做法不同，“南海大沥”不断帮市民“程序做减法、服务做加法”，令市民不用再通过安装、关注众多APP、公众号、小程序等繁复操作，就能享受贴心的便民服务。

2022年5月“南海大沥”在全市率先上线整合了70多种民生功能的“一站式综合服务平台”。作为便民服务的延伸，“一站式综合服务平台”将行政办事预约、医院挂号、停车缴费、教育招生、人才招聘、医保选点、生活缴费等超50种与日常生活息息相关的服务全部收录、归整、优化，实现“一个平台、一步搞定”。上线至今，已有超700万人次使用过该平台，培养了用户“办事就上‘南海大沥’”的习惯，也让市民深刻感受到“上‘南海大沥’即可满足日常生活所需”的便捷方便。

值得一提的是，“南海大沥”会根据不同时期用户使用需求，及时动态优化菜单栏。如在疫情防控期间，与其他政务新媒体会在菜单上“做加法”不同，“南海大沥”则采用“菜单超级减法”，将当下最常用的“健康码”“核酸码”醒目放入菜单栏首页，市民进入“南海大沥”即可“一号亮两码”，非常方便省时。调整期间，“南海大沥”月菜单点击量高达100万人次，新增关注用户超二十万，单日增粉高达两万人。

百万之后：城市窗口　进无止境

2023年，“南海大沥”迎来十岁生日，也迎来了百万“朋友”。“南海大沥”已然成长为城市宣传的“最美窗口”、民生服务的“有力助手”、融媒共建的“闪亮名片”。“南海大沥”将继续锚定“内容更优质、服务更实用、影响更广泛”的目标，不断创新形式、产出爆品，实现质与量的双飞跃。

“南海大沥”微信公众号粉丝破百万，不仅仅是一个数字的关注，而是基层政务新媒体的“大沥现象”“大沥模式”，可以给全国其他镇街号带来积极启示。张志安说，“只有深耕本地、深挖价值，创意传播、创新运营，基层政务新媒体才能做出特色、做出影响。”

9. 珠江时报：《获“浙江宣传”邀请，“南海大沥”何以“长出圈”？》

“南海大沥”又出圈了！

6月19日，在浙江省委组织部、宣传部主办的浙江省新闻发言人培训班《有请发言人》沙龙中，“南海大沥”公众号相关负责人受邀出席，以《用户思维与长期主义的胜利》为主题，分享了新媒体运营经验，并重点推介了佛山十大传统文化IP、南海“龙超”及大沥产业名片。

作为南海区和佛山市政务新媒体运营的标杆之一，“南海大沥”从“卷出圈”到“长出圈”，到底凭什么？

“卷”出圈

全国首个百万粉丝镇街公众号

去年年初，“南海大沥”公众号在诞生10周年之际，粉丝总量正式突破100万，成为全国4万多个乡镇街道中，首个也是目前唯一一个粉丝量破百万的镇街公众号。

“实现这个一百万，是用户思维与长期主义的胜利。回顾这几年的历程，我认为，‘南海大沥’是佛山镇街里最努力、服务功能最强、服务意识最到位的一个平台。”大沥镇宣传文体旅游和教育办公室主任刘成说。

“南海大沥”公众号，正是在佛山、南海这片非常肥沃、非常“卷”的土壤里成长、发展起来的。“南海大沥”阅读量长期在佛山市政务新媒体中排前列，今年连续5个月位居佛山32个镇街榜首。

“大沥镇是民营经济、商贸发展、文化繁荣的佼佼者。‘南海大沥’成为全国首个粉丝破百万的镇街公众号，让南海的镇域政务传播站在了一个全新的起点上。”在去年举行的“网红之城中心大沥”2023湾区镇能量传播共创大会上，南海区委宣传部如此点评“百万镇街大号”。进入网络传播的时代，一定要用好“宣传”这个看家本领，以新潮、活力的方式展示现代化活力新南海的城市形象。

“长出圈”
聚光灯下的政务新媒体标杆

今年以来，“人文经济”一直是佛山的热词。在这个背景下，今年端午节，南海“龙超”横空出世，全网流量超35亿，央视聚焦172分钟，成为全国端午龙舟的“顶流”。其中，今年592岁、全国最老的龙舟，更以一己之力登上17次央媒，它就是来自南海大沥的“盐步老龙”。沙龙现场，刘成向浙江的听众推荐了南海龙舟文化。

实际上，这已不是“南海大沥”首次站上分享的舞台。

去年4月，2023湾区镇能量传播共创大会在大沥召开。复旦大学教授张志安认为，“南海大沥”运营的内在基因就是牢牢扎根大沥的发展，把贴近性的服务做到极致、没有边界。

去年8月、11月，在南京、青岛召开的中国城市网盟“CEO圆桌荟”、中国城市网盟总编辑高峰论上，“南海大沥”作为唯一镇街代表受邀参加并作分享交流。

今年4月，在广州举行的“2024年中国社会发展高层论坛——中国式现代化与基层治理”学术研讨会上，广东金融学院财经与新媒体学院院长陈映教授以《政务新媒体何以赋能基层治理现代化？——基于百万镇街大号“南海大沥”的研究》为主题，介绍了相关研究成果。

此外，去年新华通讯社“中国记者”官微头条，也揭秘了“南海大沥”的“百万成长密码”。5月30日，“长安街知事”“北京日报”公众号同步发表评论员文章《洗牌之后，政务新媒体下半场怎么走》，充分肯定了“南海大沥”公众号上各类民生信息应有尽有，热气腾腾贴近性十足的“生活态”备受追捧。

与此同时，重庆、山东、广西、深圳等地的宣传部门、主流媒体，也纷纷关注并到大沥交流。受到各地和主流媒体持续、常态化的关注，也让大沥的宣传工作成效得以“长出圈”。

“‘南海大沥’的成绩在广东乃至全国都很罕见，希望大沥继续做好镇级媒体传播的排头兵，走好新媒体赋能高质量发展的步伐。”佛山市委网信办副主任黎祥英对大沥的宣传工作寄予厚望。

而每一次的分享、每一次的交流，都足以证明：大沥，确实不负众望。

重服务
以宣传赋能“生产力”和“服务力”

以用户为中心，把党委政府的中心工作作为公众号的中心，是“南海大沥”一直以来的坚持。

大沥充分运用基层政务新媒体走好网上群众路线，培育全国首个百万粉丝镇街政务号，以“宣传+服务”深度融合赋能基层治理，不仅有力推进中心工作，还有效提升城市形象。

为提供更丰富的服务功能，大沥主动为市民“程序上做减法、服务上做加法”，将各单位、各平台上市民常用的70多项民生功能全部链接到“南海大沥”，打造“一站式民生服务与政务发布平台”。该平台上线不到一年，已有超700万人次使用。

“南海大沥”还开设了佛山镇街首个城市慢直播，通过对正月醒狮盛会、烟花汇演、端午龙舟赛、稻田超模时尚秀等全年多达20场的大型文体活动的直播，聚焦本土文化、持续有影响力的直播输出，成为市民了解大沥最方便、最丰富、最有用的官方平台。

“南海大沥”的用户，不仅是普通群众，还有企业。大沥镇建立了40多个商圈企业“一对一”宣传服务沟通群，通过与企业、市民深度互动，广泛宣传大沥商圈、厂企和大沥好产品。

“办事、资讯、潮玩都能在‘南海大沥’一号实现！”这成为很多大沥市民的共识。这项生动的“服务增效”案例，斩获省级市直机关“先锋杯”工作创新大赛决赛三等奖。

亲历者说

“南海大沥”编辑部负责人　张秋枫：

我们是怎么做好公众号的？

“南海大沥”公众号能成为全国镇街首个突破百万粉丝的政务新媒体号，在全国4万多个乡镇中突围而出，很大程度在于找准自身定位和赛道，强化“政务+服务+美学”运维理念，努力改变过去公众对政务公众号“形象冷冰冰、表达硬邦邦、互动懒洋洋”的刻板印象。

我是谁？在运营过程中，必须弄清自身定位，始终坚守作为政务宣传平台就要围绕中心、服务大局的出发点。政务宣传平台的首要任务是推动中心工作。比如为了推进“千灯湖北延过河”，策划联合自媒体、中轴房企在南海大沥公众号开设“灯湖中轴”专栏，持续、反复、全方位地宣传输出“灯湖中轴”的概念、进度、前景和曝光，不断凸显“中心大沥”区位价值，展现中心大沥的活力、魅力。

如何吸引别人？在短平快时代，要抓住用户注意力，充分尊重人性和用户习惯，从而获得流量和关注。比如深谙“网言网语”，同时兼具新闻敏感和快速响应。“南海大沥”平台紧抓当下热点，发布带网感的短视频，大沥版的“文明《狂飙》”、“科目三”、新春活动用经典影视剧配音预告，传播效果很好。还有“颜值即正义”，推动更多人发现美、创造美、传播美，如推出“当王家卫的镜头美学《繁花》，遇上网红大沥的城市美学”系列短视频、“当中国传统色遇上多彩大沥”、大沥版“酱香拿铁”和“华为P60”等系列漂亮设计+创意想法的海报，另外以漂亮主播做封面、高颜值领导出镜的视频等等，十分吸睛。

怎么增加用户黏性？链接资源，做强服务力，深度嵌入城市生活、地方发展、基层治理。如“南海大沥”率先整合上线有70多种民生功能的“一站式综合服务平台”，策划并推出专属主播探店打卡系列，上线全省首个镇街“大沥点评”平台，通过做减法和乘法创造服务价值，提供实惠福利和满足需求，不断增加与群众联系和互动。另外，主动联动对接商家企业，提供宣传、策划和资源整合等服务，为产业和企业发展赋能引流，如将音乐节与企业产业发展紧密融合的大沥灯湖中轴音乐季就是一个经典案例，实现政府与企业的“双向奔赴”，还成功打造文旅消费现象级品牌。

三、学界关注，“百万大V”的融媒实践

一个样本、一种经验的价值，在经过专业的学术研究、梳理提炼后，才能得到充分彰显。在政务自媒体这个重要的领域，尤其如此。

“南海大沥”自粉丝数量突破100万以来，持续获得学界的关注。目前，已形成一份决策参考及多篇论文。

在“网红之城　中心大沥”——2023湾区镇能量传播共创大会上，复旦大学新闻学教授、全球传播全媒体研究院副院长张志安专门就全国政务新媒体传播态势与城市网络形象塑造话题作了报告，其中大沥是主要研究案例。张志安在“一本政经”和“中国记者”公众号上发表的《揭秘|一个镇办的政务公众号粉丝突破100万》，也广受学界关注。

在“2024年中国社会发展高层论坛——中国式现代化与基层治理”学术研讨会上，广东金融学院财经与新媒体学院院长陈映以《政务新媒体何以赋能基层治理现代化？——基于百万镇街大号“南海大沥”的研究》为主题，介绍了相关研究成果。同样来自广东金融学院的讲师梁辰曦博士，还牵头开展了《基层政务新媒体嵌入地方公共服务的路径探讨——以“南海大沥”公众号为例》研究。

因为学术研究有其特殊的规范性和严谨性，而且还有同行评议等机制，更能确保经验的可靠性、可复制性，推动样本经验产生更广泛的价值。这些研究的产生、发表，让“南海大沥”的经验价值更加独特。

研究成果（摘要）

◎决策参考报告

政务新媒体如何赋能基层治理现代化？“南海大沥”政务公众号的实践和经验

陈映　刘成

一、问题的提出

政务新媒体是推进基层治理现代化的重要数字赋能工具。数据显示，目前超过95%的政务信息均由基层公众号发布。但由于资金、人才不足，众多基层政务新媒体长期面临内容拼凑、人气不足以及与政府工作融合不够、与社会资源整合不深等诸多问题，不仅没有成为基层治理创新的“智治支撑”，反而陷入了“指尖上的形式主义”[①]。如何“建强用好”政务新媒体，让它们“加入社会治理中来，成为社会治理过程中的支撑系统”[②]，这一问题亟待研究。对此，“南海大沥”作为全国首个拥有百万粉丝的镇街级政务新媒体，可以提供一些经验参考。

二、“南海大沥”的主要做法

（一）以服务力“嵌入社会”

长期以来，政务新媒体作为政权结构的一部分，多以行政逻辑和政治逻辑运转，普遍面临内容不符合需求、公众参与不足

① 2023年年底，中央网络安全和信息化委员会印发《关于防治“指尖上的形式主义”的若干意见》，要求全面贯彻习近平总书记关于力戒形式主义官僚主义的重要论述精神，加强对政务移动互联网应用程序、政务公众账号和工作群组的标准化规范化管理。意见指出，“指尖上的形式主义”是形式主义在数字化背景下的变异翻新，是加重基层负担的主要表现。

② 胡正荣：《打造2.0版的县级融媒体中心》，《新闻界》，2020(01)。

等“传播脱嵌社会”的危机。要化解政务新媒体的这些“脱嵌”危机，就必须把握好两个点：一是要找准当下基层治理特殊的结构特征；二是要找到进入这个特殊社会的有效抓手。十八届三中全会以来，加强“社会化服务”成为社会治理重要的转型发展方向之一。党的二十大更是明确提出“增强公共服务均衡性与可及性”的施政导向。公共服务成为社会治理的核心任务，基层作为国家政权的“末梢神经”，其治理的公共服务面向尤其突出。在这种背景下，“南海大沥”深刻地认识到，“做实服务，就是生产力和治理力”①，深耕公共服务既是国家治理现代化的一项基本要求，也是政务新媒体赋能社会治理的必答题。具体而言，“南海大沥”的服务力主要来源于以下三个方面：

1. 内容驱动的服务力

基本思路：

“内容为王”始终是媒体做好传播乃至其他一切工作的起点和根本。

主要做法：

（1）坚持以优质内容服务中心，以服务力获领导支撑力。正如编辑部负责人刘成所强调的：“没有围绕中心的宣传，都是‘自嗨’；没有服务价值的宣传，等于白做。”②因此，无论是灯湖中轴、全域土整，还是产业发展、“百千万工程”，对于镇政府的各项中心工作，“南海大沥”从不缺位，“大沥要什么，就传播什么”。

（2）注重以本地视角服务民生，以服务力赢得社会关注度。明确提出“政务新媒体就是绣花针”的服务口号，做到从停

① 来源于采访。
② 来源于采访。

水停课等硬资讯到吃喝玩乐等软信息，“群众喜欢什么，大沥就创造什么”[①]；同时，做到中心议题以民生视角切入，同时注重“打好广佛牌”，将近80%的内容聚焦佛山，并瞄准广佛通勤通联的需求[②]，适度关切广州内容。

（3）不断创新传播手段，以创意支撑服务力。大量使用直播、微电影、创意海报等创新传播形式。在2022年5月20日还邀请分管文旅的副镇长以“今天是520，我把我的城市讲给你听”为主题出镜演绎城市宣传片，将领导转化为“流量密码”。

2. 平台支撑的服务力

基本思路：

突破单一的以信息和内容生产为中心的传播逻辑，切实转向以公共服务和协同生产为焦点的平台化服务逻辑。

主要做法：

（1）“整合而不是开发”。考虑到小程序、公众号只能绑定3个外部链接，委托专业公司通过外部链接入口，开发了一个“一站式综合服务平台”。目前，该平台获得了超700万人次使用，培养了“办事就上‘南海大沥’”的用户习惯。

（2）“程序做减法、服务做加法”。一是利用其“一站式综合服务平台”将行政办事预约、医院挂号、生活缴费、教育招生、人才招聘等超70种与日常生活息息相关的服务全部收录、归整、优化，做到“让数据多跑路，群众少跑腿”。二是给菜单做减法。仅设置“了解大沥”“便民大沥”“服务大沥”三个菜单，每个菜单内将市民关心的资讯、常用的功能按重要性依次放在突出位置。

（3）探索“城市新闻+政务+服务+商务”的新模式。如，

---

① 来源于采访。

② 大沥紧邻广州，有很多广州人住在大沥，也有很多大沥人在广州上班。

在"+商务"构建方面，上线"大沥点评"，发动公众作为"星探"提供大沥镇内特色好吃、好看、好玩、好住等信息，既强化了公众的参与感，又整合了佛山本地生活服务资源。平台上线不到4个月就服务了20万人次。

3. 资源链接的服务力

基本思路：

社会治理服务转型的关键在于资源的链接和整合，因为有了资源，才能举办有影响力的各类活动吸引公众。

主要做法：

（1）链接整合内部资源：一是以服务中心工作赢取上级支持将宣传成效纳入各业务领域的考核指标体系；二是探索以分类服务、差异化传播来满足各职能部门的宣传需求，如通过搭链接一发消费券服务资金充足的妇联工会类部门；通过邀请进驻来联结与民生相关的当地医院。三是以传播实效获取各平级部门和业务领域的认同和资源支持。

（2）与企业联动盘活地方资源：一方面"敢于做服务企业、半商业的一部分，促进营商环境的一部分"[①]，瞄准中心工作为企业搭建平台，策划"优企看大沥""聚沥量 促发展"等栏目，为商圈企业建立"一对一"宣传服务沟通群，以挖掘培育镇内的网红、签约城市主播、协助企业拍宣传微电影等多种方式，广泛宣传大沥商圈、厂企和好产品。另一方面，积极链接并整合企业资源，动员企业提供微信红包、内衣服饰、免费汤包等赞助，进而以市场资源吸纳社会参与。

（二）以情感激活传播力

国家治理现代化的核心要义是构建一个多元主体协同治理的

① 来源于采访。

机制，而一个多主体协同治理框架的形成需要“在政府、社会与公众之间建立一种良好的情感交流和互动关系”[①]。政务新媒体这一“硬”媒介如何运用情感这一特殊的“软”手段，“南海大沥”的以下四点尝试可以给我们一些启发。

1. 以情感化叙事刺激传播

基本思路：

“情感具有隐秘性、私人性和个体性，不易被察觉，因此需要被激发和唤醒”

主要做法：

除了政府公告等硬新闻，“南海大沥”几乎所有的推文标题都运用了感叹号等情感化符码，甚至在一个标题中用到5个感叹号。

2. 以“合理性”将情感转化为行动

基本思路：

情感的运用必须超越“感性”。打造爆款，既要激发用户的感性共鸣，又要激活用户的理性需求[②]。

主要做法：

创造与相关主体的利益联结点来引导情感，如派发定量电影券、实物券等各种福利，将“软性”情感转化为“硬核”利益。

3. 打造仪式性互动培育情感

基本思路：

社会治理需要久久为功，政务新媒体要实现治理赋能，不仅要用好情感，而且必须做好情感的持续营造和建设工作。

主要做法：

---

① 文宏，林仁镇：《情感嵌入：城市基层治理共同体建构的实现逻辑——基于佛山市南海区的实践考察》，《社会科学研究》，2023(02)。

② 来源于访谈。

一是策划具有仪式性的社会活动。如，"南海大沥"先后策划了"网红之城 中心大沥"音乐季、房博会、美食周、汽车嘉年华、内衣超模时尚秀等多个城市公共活动，以打造城市文化仪式的形式起到了情感建设作用。

二是在过年、春节、开市等重要时间节点安排派发微信红包。同时有别于一般成功率不确定的抢红包形式，他们会明确前多少名一定能抢到红包。使派发红包成为公众号粉丝们一个可期待的仪式行为，甚至被转化为对超级铁粉的一种社群奖励机制，大大激发用户参与激情。

4. 以乡情激发认同

基本思路：

"尊重本区域的既有社会文化形态，吸纳和利用本地内生性的社会规则来塑造本区域的社会秩序"[①]。

主要做法：

立足于一个传统乡情浓厚的地方社会，挖掘、唤醒并传播"乡情"背后的文化意义和情感秩序。

（三）以在地融入凝聚共识

基层治理能力的增强并不仅仅是行政权力向基层社会的延伸和嵌入，还要达致权威嵌入与原生秩序的耦合适配。因此，"更具精准化、在地化特点的服务性信息的生产"[②]是县级融媒体服务基层治理现代化的必答题。对于何谓"在地化"，"南海大沥"在实践中从三个维度进行了解释：

1. 内容的接近性和民生化

---

① 田先红，张庆贺：《城市社区中的情感治理：基础、机制及限度》，《探索》，2019(06)。

② 林若野：《柔性引导、精准服务与受众赋权：县级融媒体内容产制推进基层治理现代化的优化路径——以江苏省52家县级融媒体微信公众号平台汛情相关内容为例》，《东南传播》，2021(05)。

基本思路：

“大沥”既是佛山的大沥，也是与广州交界的大沥，公众在现实生活中还需要知晓佛山和广佛的相关资讯。因此，“在地化”不是一个简单的行政地界概念，而是指“贴近地方生活、贴近百姓需求”，即政务新媒体是否已经洞察用户并有效地满足其需求与偏好。

主要做法：

一是按“接近性”原则，基本围绕大沥地界发生的事情展开，其头条有近95%篇幅都冠有“大沥”两字。

二是针对地处广佛交界的大沥，设立了特色频道“广佛关注”，将佛山、广佛同城甚至广州当地相关新闻纳入报道范围。

三是在二次转发上级媒体内容或者类似天气报道等普适性信息的时候，注意结合本地居民之需进行再编辑。

2. “传统”的媒介化延续

基本思路：

大沥是一个城乡交融、经济和社会关系互嵌程度高的基层社会，在相当程度上保留着传统的社会关系和文化要素。

主要做法：

其一，注重反复地运用“盐步老龙”等具有高度地方性的民间文化要素，以默会知识感召公众的地方文化意识。

其二，结合当地内衣、电商、预制菜等当地优势产业的结构性需求，通过策划稻田内衣秀、微电影等多种传播盛事，构建起一个官民企协同共建共赢的营商环境。

其三，扎根于普通民众庸常而琐碎的日常生活，坚持以天气、交通、饮食、教育、招聘、娱乐等与民众基本需求息息相关的内容作为头条，将地方有特色的网红店、名小吃、招牌菜等资源挖掘出来整合成“大沥点评”平台，并且开设“城市慢直播”

栏目将最能代表城市颜值与气质的地方城市景观（如摩天大楼楼顶、繁忙的主干道、广佛高速入口等）实时沉浸式地展现出来，让公众亲切和熟悉的世界在虚拟空间实现位移。

3. 乡土精英作为行动中介

基本思路：

"在地化"需要把握地方的特殊关系网络。

主要做法：

注重调动本土精英、社区领袖等的参与，以乡情乡愁来召唤人们奉献、共荣的公共精神，以"熟人社会"的声誉机制来激发人们的信任之情和自豪之感，进而建构出协同共治的良好氛围和机制。如，编辑部通过相关线索找寻到大沥本土的中国照相机之父邹伯奇，曾在大沥求学的2022《中国好声音》年度总冠军梁玉莹明星，总部设在大沥的5000万粉丝美妆网红"周周珍可爱"等，并通过话题制造、活动策划等手段将他们打造成为"讲述大沥故事"乡情IP。

三、"大沥模式"的经验总结

政务新媒体赋能基层治理现代化根本上是要解决好两个基本问题：如何在基层治理体系中找准自己的结构性位置？如何发挥媒介整合动员作用引进社会力量参与基层治理？基于这两个问题，总结"南海大沥"的经验如下：

（一）政务新媒体应在基层治理体系中找准定位

政务新媒体作为基层治理权力派生系统中的重要主体，必须承接党政权力中心政令下达和政务宣传等行政化功能，即要受限于行政逻辑的规引，当好"传声筒"和"宣传员"；但在基层治理日益转向社会化、服务化的当下，又必须发挥动员基层、服务基层甚至是让基层喜闻乐见等社会化功能，必须按社会化逻辑运维，当好“服务员”和“社会动员者”。面对这样一对矛盾，“南海大沥”找准了自己的定位：地方国家与基层社会之间的中介性联结机制以及公共服务和沟通的“基础设施”。基于这样的定位，“南海大沥”坚持以服务功能来活化宣传功能，一方面坚持“以传播服务中心”，链接并整合政治资源，以全面的服务性和平台化运维模式，将自己建成了基层治理系统中不可替代的公共服务平台和互动沟通的“基础设施”；另一方面坚持“传播嵌入社会”，注重宣传内容的民生转化度和行政服务的社会契合度，从而在行政逻辑与社会逻辑寻找到一个联结点和平衡点，将自己建成一个“兼具传播功能和社会治理功能的融合性媒介组织”[①]。

（二）政务新媒体整合动员能力的构建

南海区大沥镇作为一个连接广佛的经济强镇，市场发育充分，经济活力和实力较强，且因“大量广州人住在大沥，大量大沥人工作在广州”而存在较强的人口流动性，显然是一个利益分化、权利和市场意识深厚的复杂“重层结构”社会。而对这样一个基层社会，“南海大沥”在代表行政权力发挥传播、动员和整合功能时，有三点经验比较突出：

其一，坚持以传播过程中的情感链接和在地化来唤醒激发公共情感、强化社会联结和塑造集体认同，形成参与治理的价值基础。正是因为有了这些情感价值的加持，才能让居民持续关注成为“铁粉”，打造破界圈粉的百万大号，也才能让公众号的内容入心入脑，形成传播效果、将事件和内容的组织真正转化为社会宣传和动员的力量。

其二，以服务为抓手，将科层体制下的一个专业部门转化为

① 黄艾：《广播嵌入基层治理的媒介实践考察》[J]，《武汉理工大学学报（社会科学版）》，2023(02)。

一个致力于各方资源链接的中介性联结机制：对上，始终围绕权力的中心工作，聚焦做好向下宣传和整合动员的行政辅助职能，实现向上衔接行政权力聚合政治资源的功能；对下，始终围绕社会需求，以内容吸引人气，以服务凝聚人心，以人心和人气吸纳企业等中间层级的丰富资源，以资源组织活动和整合利益，进而以利益吸纳社会参与，以活动作为平台整合各方利益主体的互动协商行动，实现向下整合社会自治力量的功能，从而打造吸纳社会参与治理的资源基础。

其三，在行政权力和社会自治力量之间引进了企业等“间接代理主体”，重构了一个更加适应“重层结构”社会的多重嵌套式治理主体网络，使得行政权力的下沉借由网状结构变得更为畅通，而基层动员则在关键少数的带动下变得更加有力。

作者简介：

陈映　广东金融学院财经与新媒体学院院长、教授

刘成　佛山市南海区大沥镇宣传文体旅游和教育办公室主任、四级主任科员

◎学术论文摘要

基层政务新媒体嵌入地方公共服务的路径探讨
——以“南海大沥”公众号为例①

梁辰曦　高韵翔

[摘要]　本研究通过引入“嵌入性理论”的视角，把地方政务新媒体“南海大沥”作为典型个案，讨论地方权力如何通过政务新媒体嵌入地方公共服务之中。研究发现，地方政务新媒体通过技术嵌入、认知嵌入和关系嵌入三个路径进行数字赋能、渠道建设及模式创新，从而对地方的异质社群关系和资源进行有效协调整合，实现了地方公共服务的提质增效。

[关键词]　政务新媒体　地方公共服务　关系嵌入

作者简介：

梁辰曦　博士，广东金融学院讲师

高韵翔　广东省佛山市南海区大沥镇副镇长

本文系国家社科基金青年项目“县级融媒体嵌入乡村治理共同体建设的实践路径研究”（项目编号：23CXW022）阶段性研究成果

① 本文即将在核心期刊发表。

政务新媒体何以赋能基层治理现代化？——基于百万镇街大号“南海大沥”的研究①

陈映　刘成　梁辰曦

[摘要] 政务新媒体是推进基层治理现代化的重要数字赋能工具，但政务新媒体何以赋能基层治理现代化亟待研究和探讨。分析百万镇街大号“南海大沥”的成功实践经验发现，政务新媒体在基层治理中的角色定位是地方国家与基层社会之间中介性联结机制和关系调适者，“传播嵌入社会”是其发挥联结和调适作用的必要前提，而如何整合动员公众参与协同治理则是关键问题。在解决如何嵌入问题时，通过内容创新、平台建设和资源链接构建的服务力是政务新媒体的有效抓手；在解决如何整合动员参与问题时，多元的情感实践激活了传播，在地融入的传播策略凝聚了共识，各方资源的链接提供了保障，而对乡情等原生秩序和中间层级的调用则是“借力而为”的行动策略。

[关键词] 政务新媒体　基层治理　治理体系和治理能力现代化　数字赋能

作者简介：

陈映　新闻学博士、教授，广东金融学院财经与新媒体学院院长、数字媒体与文化创意产业研究中心主任

刘成　广东省佛山市南海区大沥镇宣传文体旅游和教育办公室主任、四级主任科员

① 本文即将在核心期刊发表。

梁辰曦　法学博士，广东金融学院财经与新媒体学院讲师

本文系国家社科基金年度项目“县级融媒体嵌入乡村治理共同体建设的实践路径研究”（23CXW022）、横向决策咨询项目“政务新媒体的‘南海大沥’模式”阶段性成果。

深度平台化时代基层政务新媒体的情感转向研究
——以南海大沥公众号为例[①]

李德团　梁辰曦　刘成

[摘要]政务新媒体正面临媒体减量增效与传播情感转向的双重考验。作为全国首个百万粉丝镇街公众号，南海大沥公众号巧用情感符码引爆点，以情动人赋新意，人文情怀齐奔赴，实现了新闻生产“不自嗨”、运营管理“不套路”及基层治理“不重样”的情感转向，开创了深度平台化时代基层政务新媒体的传播治理新模式。

[关键词]深度平台化　基层政务新媒体　南海大沥公众号　情感转向

作者简介：

李德团　博士、广东金融学院财经与新媒体学院副教授

梁辰曦　博士、广东金融学院财经与新媒体学院讲师

刘成　广东省佛山市南海区大沥镇宣传文体旅游和教育办公室主任、四级主任科员

本文系国家社科基金青年项目“县级融媒体嵌入乡村治理共同体建设的实践路径研究”（项目编号：23CXW022）的阶段性研究成果。

① 本文即将在核心期刊发表。